Arome Spaniole

Descoperă Deliciile Culinare prin Rețete Autentice din Spania

Javier García

CUPRINS

COD AJOARRIERO 25
    INGREDIENTE 25
    REDACARE 25
    TRUC 25

Cockle aburite cu sherry 26
    INGREDIENTE 26
    REDACARE 26
    TRUC 26

TOT CE PEBRE DE LA SEEFEL CU CREVETI 27
    INGREDIENTE 27
    REDACARE 28
    TRUC 28

DURADĂ PRĂJITĂ 29
    INGREDIENTE 29
    REDACARE 29
    TRUC 29

Midiile a la Marinera 30
    INGREDIENTE 30
    REDACARE 30
    TRUC 31

Cod cu pilpil 32
    INGREDIENTE 32
    REDACARE 32
    TRUC 32

TOBA DE PUI CU WHISKEY 33
   INGREDIENTE 33
   REDACARE 33
   TRUC 34

RĂȚĂ FRĂJĂ 35
   INGREDIENTE 35
   REDACARE 35
   TRUC 36

PIEPT DE PUI VILLAROY 37
   INGREDIENTE 37
   REDACARE 37
   TRUC 38

Piept de pui cu mustar si sos de lamaie 39
   INGREDIENTE 39
   REDACARE 39
   TRUC 40

GAUNETTE PRAJITA CU PRUNE SI CIUPERCI 41
   INGREDIENTE 41
   REDACARE 41
   TRUC 42

PIJET DE PUI VILLAROY UMPLUT CU PIQUILOS CARAMELIZAT CU OTIT DE MODENA 43
   INGREDIENTE 43
   REDACARE 43
   TRUC 44

Piept de pui umplut cu bacon, ciuperci si branza 45

INGREDIENTE	45
REDACARE	45
TRUC	46

PUI LA VIN DULCE CU PRUNE ... 47
INGREDIENTE	47
REDACARE	47
TRUC	48

PIEPT DE PUI PORTOCALA CU CAJU ... 49
INGREDIENTE	49
REDACARE	49
TRUC	49

Potârniche murată ... 50
INGREDIENTE	50
REDACARE	50
TRUC	50

CACCIATORE PUI ... 51
INGREDIENTE	51
REDACARE	51
TRUC	52

ARIPI DE PUI LA COCA-COLA ... 53
INGREDIENTE	53
REDACARE	53
TRUC	53

PUI CU USTUROI ... 54
INGREDIENTE	54
REDACARE	54

- TRUC 55
- PUI AL CHILINDRON 56
  - INGREDIENTE 56
  - REDACARE 56
  - TRUC 57
- Prepeliță murată și fructe roșii 58
  - INGREDIENTE 58
  - REDACARE 58
  - TRUC 59
- PUI CU LAMAIE 60
  - INGREDIENTE 60
  - REDACARE 60
  - TRUC 61
- PUI SAN JACOBO CU SUNCA SERRANO, TORTA DEL CASAR SI ARUCULA 62
  - INGREDIENTE 62
  - REDACARE 62
  - TRUC 62
- CURRY DE PUI LA COP 63
  - INGREDIENTE 63
  - REDACARE 63
  - TRUC 63
- PUI LA VIN ROSU 64
  - INGREDIENTE 64
  - REDACARE 64
  - TRUC 65

PUI FRIP CU BERE NEGRA 66
    INGREDIENTE 66
    REDACARE 66
    TRUC 66
Părîniche de ciocolată 68
    INGREDIENTE 68
    REDACARE 68
    TRUC 69
Sferturi de curcan prăjite cu sos de fructe roșii 70
    INGREDIENTE 70
    REDACARE 70
    TRUC 71
PUI FRÂPT CU SOS DE PIERSICI 72
    INGREDIENTE 72
    REDACARE 72
    TRUC 73
FILE DE PUI UMPLUT CU SPANAC SI MOZZARELLA 74
    INGREDIENTE 74
    REDACARE 74
    TRUC 74
PUI FRÂPT ÎN CAVA 75
    INGREDIENTE 75
    REDACARE 75
    TRUC 75
FARGARI DE GUI CU SOS DE ARAIDE 76
    INGREDIENTE 76

REDACARE	76
TRUC	77
PUI LA PEPITORIA	**78**
INGREDIENTE	78
REDACARE	78
TRUC	79
PUI PORTOCALIU	**80**
INGREDIENTE	80
REDACARE	80
TRUC	81
Pui la fiert cu ciuperci porcini	**82**
INGREDIENTE	82
REDACARE	82
TRUC	83
PUI ȘOT CU NUCĂ ȘI SOIA	**84**
INGREDIENTE	84
REDACARE	84
TRUC	85
PUI CU CIOCOLATĂ CU ALMEDRAS FRĂJITE	**86**
INGREDIENTE	86
REDACARE	86
TRUC	87
FĂGARI DE MIEL CU VINIGRETĂ DE BOTEI ȘI MUȘTAR	**88**
INGREDIENTE	88
REDACARE	88
TRUC	89

Inotatoare de vitel umpluta cu vin de porto 90
- INGREDIENTE 90
- REDACARE 90
- TRUC 91

Chiftelute LA MADRILEÑA 92
- INGREDIENTE 92
- REDACARE 93
- TRUC 93

OBAJI DE VITA CU CIOCOLATA 94
- INGREDIENTE 94
- REDACARE 94
- TRUC 95

PLAINTA CONFIT DE PORC CU SOS DE VIN DULCE 96
- INGREDIENTE 96
- REDACARE 96
- TRUC 97

IEPURE CĂTRE MARC 98
- INGREDIENTE 98
- REDACARE 98
- TRUC 99

Chiftelute IN PEPITORIA-SOS DE ALUNE 100
- INGREDIENTE 100
- REDACARE 101
- TRUC 101

Escalop de vițel cu bere neagră 102
- INGREDIENTE 102

REDACARE 102
TRUC 103
Tripa A LA MADRILEÑA 104
INGREDIENTE 104
REDACARE 104
TRUC 105
FRIPITĂ DE PORC CU MĂR ȘI MENTĂ 106
INGREDIENTE 106
REDACARE 106
TRUC 107
Chiftelute DE PUI CU SOS DE ZMEURE 108
INGREDIENTE 108
REDACARE 109
TRUC 109
TOCANĂ DE MIEL 110
INGREDIENTE 110
REDACARE 110
TRUC 111
Bunny Civet Cat 112
INGREDIENTE 112
REDACARE 112
TRUC 113
IEPURE CU PIPERRADA 114
INGREDIENTE 114
REDACARE 114
TRUC 114

Chiftele de pui umplute cu branza cu sos de curry 115
    INGREDIENTE 115
    REDACARE 116
    TRUC 116
Obraji de porc la vin roşu 117
    INGREDIENTE 117
    REDACARE 117
    TRUC 118
MATASEA NAVARRA 119
    INGREDIENTE 119
    REDACARE 119
    TRUC 119
Carne de vită înăbuşită cu sos de arahide 120
    INGREDIENTE 120
    REDACARE 120
    TRUC 121
PORC ROTISAT 122
    INGREDIENTE 122
    REDACARE 122
    TRUC 122
ciocan prăjit cu varză 123
    INGREDIENTE 123
    REDACARE 123
    TRUC 123
CACCIATOR DE IEPURE 124
    INGREDIENTE 124

- REDACARE ... 124
- TRUC ... 125

TEACĂ DE BOUL A LA MADRILEÑA ... 126
- INGREDIENTE ... 126
- REDACARE ... 126
- TRUC ... 126

Iepure fiert cu ciuperci ... 127
- INGREDIENTE ... 127
- REDACARE ... 127
- TRUC ... 128

COSTITE DE PORC IBERIAN CU VIN ALB SI MIERE ... 129
- INGREDIENTE ... 129
- REDACARE ... 129
- TRUC ... 130

PERE IN CIOCOLATA CU PIPER ... 131
- INGREDIENTE ... 131
- REDACARE ... 131
- TRUC ... 131

TREI PRĂJURI DE CIOCOLATA CU BISCUIȚI ... 132
- INGREDIENTE ... 132
- REDACARE ... 132
- TRUC ... 133

bezea elvețiană ... 134
- INGREDIENTE ... 134
- REDACARE ... 134
- TRUC ... 134

CREPE DE ALUNE CU BANANE 135
    INGREDIENTE 135
    REDACARE 135
    TRUC 136
TARTA LAMAIE CU BAZĂ DE CIOCOLATA 137
    INGREDIENTE 137
    REDACARE 137
    TRUC 138
TIRAMISU 139
    INGREDIENTE 139
    REDACARE 139
    TRUC 140
INTXAURSALSA (CREMA DE NUC) 141
    INGREDIENTE 141
    REDACARE 141
    TRUC 141
LAPTE DE GANSARE 142
    INGREDIENTE 142
    REDACARE 142
    TRUC 142
limbi de pisică 143
    INGREDIENTE 143
    REDACARE 143
    TRUC 143
cupcakes portocalii 144
    INGREDIENTE 144

REDACARE 144

TRUC 144

Mere prăjite în porto 145

INGREDIENTE 145

REDACARE 145

TRUC 145

Bezea gătită 146

INGREDIENTE 146

REDACARE 146

TRUC 146

budinca de vanilie 147

INGREDIENTE 147

REDACARE 147

TRUC 147

PANNA COTTA CU DULCIURI MOV 148

INGREDIENTE 148

REDACARE 148

TRUC 148

BISCUITI CITRICE 149

INGREDIENTE 149

REDACARE 149

TRUC 150

PASTA DE MANGO 151

INGREDIENTE 151

REDACARE 151

TRUC 151

Tort cu iaurt 152
    INGREDIENTE 152
    REDACARE 152
    TRUC 152
COMPOT DE BANANE CU ROZMARIN 153
    INGREDIENTE 153
    REDACARE 153
    TRUC 153
CREMĂ DE ZAHĂR ARS 154
    INGREDIENTE 154
    REDACARE 154
    TRUC 154
Braț elvețian umplut cu smântână 155
    INGREDIENTE 155
    REDACARE 155
    TRUC 155
FLANȘĂ DE OU 156
    INGREDIENTE 156
    REDACARE 156
    TRUC 156
JELEU DE CAVA CU CAPSUNI 157
    INGREDIENTE 157
    REDACARE 157
    TRUC 157
gogoși 158
    INGREDIENTE 158

- REDACARE 158
- TRUC 158
- SAN JUAN COCA 159
  - INGREDIENTE 159
  - REDACARE 159
- SOS BOLOGNEZ 160
  - INGREDIENTE 160
  - REDACARE 160
  - TRUC 161
- bulion alb (pui sau vita) 162
  - INGREDIENTE 162
  - REDACARE 162
  - TRUC 162
- ROSII CONCASSÉ 164
  - INGREDIENTE 164
  - REDACARE 164
  - TRUC 164
- SOS ROBERT 165
  - INGREDIENTE 165
  - REDACARE 165
  - TRUC 165
- SOS ROZ 166
  - INGREDIENTE 166
  - REDACARE 166
  - TRUC 166
- DEPOZIT DE PESTE 167

INGREDIENTE 167

REDACARE 167

TRUC 167

SOS GERMAN 168

INGREDIENTE 168

REDACARE 168

TRUC 168

Sos îndrăzneț 169

INGREDIENTE 169

REDACARE 169

TRUC 170

bulion inchis (pui sau vita) 171

INGREDIENTE 171

REDACARE 171

TRUC 172

MOJO PICON 173

INGREDIENTE 173

REDACARE 173

TRUC 173

SOS PESTO 174

INGREDIENTE 174

REDACARE 174

TRUC 174

SOS DULCE-ACRUR 175

INGREDIENTE 175

REDACARE 175

- TRUC 175
- MOJITO VERDE 176
  - INGREDIENTE 176
  - REDACARE 176
  - TRUC 176
- SOS BESSAMEL 177
  - INGREDIENTE 177
  - REDACARE 177
  - TRUC 177
- SOS DE VÂNĂTOR 178
  - INGREDIENTE 178
  - REDACARE 178
  - TRUC 178
- SOS AIOLI 179
  - INGREDIENTE 179
  - REDACARE 179
  - TRUC 179
- SOS AMERICAN 180
  - INGREDIENTE 180
  - REDACARE 180
  - TRUC 181
- SOS AURORA 182
  - INGREDIENTE 182
  - REDACARE 182
  - TRUC 182
- SOS PENTRU GRĂTAR 183

INGREDIENTE 183
REDACARE 183
TRUC 184
SOS BÉARNAISE 185
INGREDIENTE 185
REDACARE 185
TRUC 185
SOS CARBONARA 186
INGREDIENTE 186
REDACARE 186
TRUC 186
SOS DELICIOS 187
INGREDIENTE 187
REDACARE 187
TRUC 187
SOS CUMBERLAND 188
INGREDIENTE 188
REDACARE 188
TRUC 189
SOS DE CURRY 190
INGREDIENTE 190
REDACARE 190
TRUC 191
SOS DE USTUROI 192
INGREDIENTE 192
REDACARE 192

- TRUC 192
- SOS DE MURE 193
  - INGREDIENTE 193
  - REDACARE 193
  - TRUC 193
- sos de cidru 194
  - INGREDIENTE 194
  - REDACARE 194
  - TRUC 194
- KETCHUP 195
  - INGREDIENTE 195
  - REDACARE 195
  - TRUC 196
- SOS DE VIN PEDRO XIMENEZ 197
  - INGREDIENTE 197
  - REDACARE 197
  - TRUC 197
- SOS DE CREMA 198
  - INGREDIENTE 198
  - REDACARE 198
  - TRUC 198
- SOS DE MAIONEZĂ 199
  - INGREDIENTE 199
  - REDACARE 199
  - TRUC 199
- SOS DE MARAR DE IAURT 200

INGREDIENTE	200
REDACARE	200
TRUC	200
SOS DE DIAVOLUL	201
INGREDIENTE	201
REDACARE	201
TRUC	201
Sos spaniol	202
INGREDIENTE	202
REDACARE	202
TRUC	202
SOS OLANDEZ	203
INGREDIENTE	203
REDACARE	203
TRUC	203
SOS ITALIAN	204
INGREDIENTE	204
REDACARE	204
TRUC	205
SOS MOUSELINE	206
INGREDIENTE	206
REDACARE	206
TRUC	206
REMOULADE	207
INGREDIENTE	207
REDACARE	207

TRUC 207
SOS DE BIZCAINA 208
   INGREDIENTE 208
   REDACARE 208
   TRUC 208
SOS DE CERNEALE 209
   INGREDIENTE 209
   REDACARE 209
   TRUC 209
SOS DE DIMINEAȚA 210
   INGREDIENTE 210
   REDACARE 210
   TRUC 210
SOS ROMESCO 211
   INGREDIENTE 211
   REDACARE 211
   TRUC 212
SOUBISE SOS 213
   INGREDIENTE 213
   REDACARE 213
   TRUC 213
remouladă 214
   INGREDIENTE 214
   REDACARE 214
   TRUC 214
SOS DE CAFEU 215

INGREDIENTE 215
REDACARE 215
TRUC 215
SUPA DE LEGUME 216
INGREDIENTE 216
REDACARE 216
TRUC 216

COD AJOARRIERO

INGREDIENTE

400 g fulgi de cod desalinizat

2 linguri de ardei chorizo hidratat

2 linguri sos de rosii

1 ardei verde

1 ardei rosu

1 catel de usturoi

1 ceapă

1 chili

ulei de masline

Sare

REDACARE

Tăiați legumele în juliană și căleți la foc mediu până sunt foarte fragede. Pentru sare.

Adăugați lingurile de ardei chorizo, sos de roșii și chili. Se adauga codul maruntit si se fierbe 2 minute.

TRUC

Este umplutura perfectă pentru a face o empanada delicioasă.

Cockle aburite cu sherry

INGREDIENTE

750 g scoici

600 ml vin Jerez

1 frunză de dafin

1 catel de usturoi

1 lămâie

2 linguri ulei de masline

Sare

REDACARE

Curățați găurii.

Adaugati 2 linguri de ulei intr-o tigaie incinsa si caliti usor usturoiul tocat.

Adaugati deodata scoarta, vin, dafin, lamaie si sare. Acoperiți și gătiți până se deschid.

Se servesc colacii cu sosul.

TRUC

La clătire, scoicile sunt scufundate în apă rece cu multă sare pentru a îndeparta orice nisip și impurități.

TOT CE PEBRE DE LA SEEFEL CU CREVETI

INGREDIENTE

Pentru stocul de peste

15 capete și corpuri de creveți

1 cap sau 2 spini de coadă de monkfish sau alb

Ketchup

1 ceapa primavara

1 praz

Sare

Pentru tocană

1 coadă mare de mom (sau 2 mici)

corp de creveți

1 lingura boia dulce

8 catei de usturoi

4 cartofi mari

3 felii de pâine

1 ardei cayenne

migdale nedecojite

ulei de masline

sare si piper

REDACARE

Pentru stocul de peste

Pregătiți un bulion de pește prin călcarea corpului de creveți și a sosului de roșii. Adăugați țepii sau capul de moc și legumele tăiate julien. Se acoperă cu apă și se fierbe 20 de minute, se scurge și se condimentează cu sare.

Pentru tocană

Prăjiți usturoiul netăiat într-o tigaie. Ridicați și rezervați. Prăjiți migdalele în același ulei. Ridicați și rezervați.

Pâinea se prăjește în același ulei. retrage.

Zdrobiți usturoiul, o mână de migdale întregi și fără coajă, feliile de pâine și ardeiul cayenne într-un mojar și pistil.

Se caleste usor boia de ardei in uleiul folosit la calit usturoiul, avand grija sa nu se arda, si se adauga in bulion.

Adăugați cartofii cachelada și gătiți până se înmoaie. Adăugați mocheta piperată și gătiți timp de 3 minute. Adăugați majodo și creveții și gătiți încă 2 minute până se îngroașă sosul. Se condimentează cu sare și se servește fierbinte.

TRUC

Folosiți doar bulion suficient pentru a acoperi cartofii. Cel mai frecvent pește folosit în această rețetă este anghila, dar poate fi făcut cu orice pește cu carne, cum ar fi câinele sau congru.

DURADĂ PRĂJITĂ

INGREDIENTE

1 dorada curata, eviscerata si scuzata

25 g pesmet

2 catei de usturoi

1 chili

Oțet

ulei de masline

Sare

REDACARE

Sareți și ungeți dorado-ul pe dinăuntru și pe dinafară. Presarati pesmetul deasupra si coaceti la 180°C timp de 25 de minute.

Între timp, căliți usturoiul și chiliul tocate la foc mediu-mare. Se toarnă un strop de oțet de pe aragaz și se asezonează dorada cu acest sos.

TRUC

Daltuirea presupune efectuarea de tăieturi pe toată lățimea peștelui pentru a-l ajuta să se gătească mai repede.

Midiile a la Marinera

INGREDIENTE

1 kg midii

1 pahar mic de vin alb

1 lingura de faina

2 catei de usturoi

1 roșie mică

1 ceapă

½ chili

Vopsea sau sofran (optional)

ulei de masline

Sare

REDACARE

Înmuiați midiile în apă rece cu multă sare timp de câteva ore pentru a îndepărta orice reziduu de pământ.

Odată ce scoicile sunt curățate, fierbeți-le în vin și ¼ de litru de apă. După ce se deschid, scoateți și păstrați lichidul.

Tăiați ceapa, usturoiul și roșia în bucăți mici și căliți-le în puțin ulei. Adăugați chili și gătiți până este bine poșat.

Adăugați lingura de făină și gătiți încă 2 minute. Scăldați în apa de la midii. Gatiti 10 minute si asezonati cu sare. Adăugați midiile și gătiți încă un minut. Acum adăugați colorantul alimentar sau șofranul.

TRUC

Vinul alb poate fi înlocuit cu un vin dulce. Sosul este foarte bun.

Cod cu pilpil

INGREDIENTE

4 sau 5 file de cod desarat

4 catei de usturoi

1 chili

½ litru de ulei de măsline

REDACARE

Prăjiți usturoiul și chiliul în ulei de măsline la foc mic. Scoate-le si lasa uleiul sa se raceasca putin.

Adăugați fileurile de cod, cu pielea în sus și gătiți la foc mic timp de 1 minut. Se rastoarna si se lasa sa stea inca 3 minute. Important este să fie fiert în ulei și nu prăjit.

Scoateți codul și decantăm treptat uleiul până când nu rămâne decât substanța albă (gelatina) eliberată de cod.

Se ia de pe foc si, folosind o sita, se bate cu telul sau cu miscari circulare proprii, incorporand treptat uleiul decantat. Bate pilpilul timp de 10 minute, amestecând constant.

Cand totul este gata, punem din nou codul si amestecam inca un minut.

TRUC

Pentru a-i da o notă diferită, adăugați un os de șuncă sau câteva ierburi aromate în uleiul în care să gătiți codul.

TOBA DE PUI CU WHISKEY

INGREDIENTE

12 pulpe de pui

200 ml crema

150 ml de whisky

100 ml supa de pui

3 galbenusuri de ou

1 ceapa primavara

Făină

ulei de masline

sare si piper

REDACARE

Se condimentează, se făinează și se prăjesc pulpele de pui. Ridicați și rezervați.

Prăjiți ceapa primăvară tocată mărunt în același ulei timp de 5 minute. Se adaugă whisky-ul și se flambează (gluta trebuie să fie închisă). Se toarnă smântâna și bulionul. Adăugați din nou puiul și gătiți la foc mic timp de 20 de minute.

Se ia de pe foc, se adauga galbenusurile si se amesteca usor pentru ca sosul sa se ingroase putin. Asezonați cu sare și piper dacă este necesar.

TRUC

Whisky-ul poate fi înlocuit cu orice băutură alcoolică ne place cel mai mult.

RAȚĂ FRĂJĂ

INGREDIENTE

1 rata curata

1 litru de bulion de pui

4 dl sos de soia

3 linguri de miere

2 catei de usturoi

1 ceapa mica

1 ardei cayenne

ghimbir proaspăt

ulei de masline

sare si piper

REDACARE

Într-un castron, combinați bulionul de pui, soia, usturoiul ras, ardeiul cayenne și ceapa tocate mărunt, mierea, o bucată de ghimbir și piper ras. Marinați rața în acest amestec timp de 1 oră.

Scoateți din macerat și puneți pe o tavă de copt cu jumătate din lichidul de macerat. Grătiți la 200°C timp de 10 minute pe fiecare parte. Udați constant cu o perie.

Reduceți cuptorul la 180°C și coaceți încă 18 minute pe fiecare parte (atingând cu o pensulă la fiecare 5 minute).

Scoateți rata, rezervați și reduceți sosul la jumătate într-o cratiță la foc mediu-înalt.

TRUC

Începeți prin a coace păsările cu pieptul în jos, acest lucru le va face mai puțin uscate și mai suculente.

PIEPT DE PUI VILLAROY

INGREDIENTE

1 kg piept de pui

2 morcovi

2 bețișoare de țelină

1 ceapă

1 praz

1 nap

făină, ou și pesmet (pentru periaj)

pentru inseminare

1 litru de lapte

100 g unt

100g faina

nucșoară măcinată

sare si piper

REDACARE

Fierbeți toate legumele curate în 2 litri de apă rece timp de 45 de minute.

Între timp, pregătiți un sos bechamel căliți făina în unt la foc mediu-mic timp de 5 minute. Apoi adăugați laptele și amestecați. Se condimenteaza si se adauga nucsoara. Gatiti la foc mic timp de 10 minute fara a opri amestecarea.

Strecurați bulionul și gătiți în el piepții (întregi sau fileați) timp de 15 minute. Scoateți și lăsați să se răcească. Prăjiți bine piepții cu sosul bechamel și păstrați la frigider. Odată ce se răceste, se rulează în făină, apoi în ou și la final în pesmet. Se prăjește în ulei din belșug și se servește fierbinte.

TRUC

Din bulion si verdeata tocata se poate face o crema delicioasa.

Piept de pui cu mustar si sos de lamaie

INGREDIENTE

4 piept de pui

250 ml crema

3 linguri de coniac

3 linguri muștar

1 lingura de faina

2 catei de usturoi

1 lămâie

½ ceapă primăvară

ulei de masline

sare si piper

REDACARE

Se condimentează piepții, tăiați în bucăți egale, cu puțin ulei și se prăjesc. Rezervări.

Prăjiți arpagicul și usturoiul tocat mărunt în același ulei. Adăugați făina și gătiți timp de 1 minut. Adaugam coniacul pana se evapora si adaugam smantana, 3 linguri zeama si coaja de lamaie, mustarul si sarea. Gatiti sosul timp de 5 minute.

Adăugați din nou puiul și gătiți la foc mic încă 5 minute.

TRUC

Rade mai întâi lămâia înainte de a-i extrage sucul. Pentru a economisi bani, se poate face cu file de piept de pui tocat in loc de piept de pui.

GAUNETTE PRAJITA CU PRUNE SI CIUPERCI

INGREDIENTE

1 bibilică

250 g ciuperci

Port de 200 ml

¼ litru supă de pui

15 prune fără sâmburi

1 catel de usturoi

1 lingurita de faina

ulei de masline

sare si piper

REDACARE

Se condimentează cu sare şi piper şi se prăjeşte bibilica cu prunele timp de 40 de minute la 175°C. Întoarceți la jumătatea timpului de coacere. Când timpul a trecut, scoateți şi rezervați sucul.

Prăjiți 2 linguri de ulei şi făină într-o cratiță timp de 1 minut. Se toarnă peste vin şi se lasă să se reducă la jumătate. Se umezeşte cu sosul şi bulionul. Gatiti 5 minute fara a opri amestecarea.

Se prajesc ciupercile separat cu putin usturoi tocat, se adauga in sos si se aduce la fiert. Serviți bibilica cu sosul.

TRUC

Pentru ocazii speciale, puteți umple bibilicile cu mere, foie, carne tocată și nuci.

 AVES

PIJET DE PUI VILLAROY UMPLUT CU PIQUILOS CARAMELIZAT CU OTIT DE MODENA

INGREDIENTE

4 file de piept de pui

100 g unt

100g faina

1 litru de lapte

1 conserve de ardei piquillo

1 pahar de oțet de Modena

½ pahar de zahăr

nucșoară

Ou și pesmet (pentru periaj)

ulei de masline

sare si piper

REDACARE

Se caleste untul si faina la foc mic timp de 10 minute. Apoi adăugați laptele și gătiți timp de 20 de minute, amestecând continuu. Adăugați condimente și nucșoară. Lasati sa se raceasca.

Intre timp, caramelizam ardeii cu otetul si zaharul pana cand otetul incepe (abia incepe) sa se ingroase.

Asezonați fileurile cu sare și piper și umpleți cu ardei piquillo. Rulați sânii în folie transparentă, de parcă ar fi bomboane foarte tari, închideți și fierbeți în apă timp de 15 minute.

După gătit, ungeți cu sos bechamel pe toate părțile și rulați în ou bătut și pesmet. Se prăjește în ulei din belșug.

TRUC

Dacă la prăjirea făinii pentru sosul bechamel se adaugă câteva linguri de curry, rezultatul este diferit și foarte bogat.

Piept de pui umplut cu bacon, ciuperci si branza

INGREDIENTE

4 file de piept de pui

100 g ciuperci

4 felii de bacon afumat

2 linguri muştar

6 linguri crema

1 ceapă

1 catel de usturoi

brânză feliată

ulei de masline

sare si piper

REDACARE

Se condimentează fileurile de pui. Curăţaţi şi tăiaţi ciupercile în sferturi.

Se prajeste baconul si se calesc ciupercile tocate cu usturoiul la foc iute.

Umpleţi fileurile cu slănină, brânză şi ciuperci şi sigilaţi-le perfect cu folie transparentă, de parcă ar fi bomboane. Gatiti in apa clocotita timp de 10 minute. Scoateţi folia şi fileul.

Pe de altă parte, braconaţi ceapa tăiată în bucăţi mici, adăugaţi smântâna şi muştarul, fierbeţi timp de 2 minute şi faceţi piure. Se prăjeşte peste pui

TRUC

Folia transparentă poate rezista la temperaturi ridicate și nu adaugă savoare alimentelor.

PUI LA VIN DULCE CU PRUNE

INGREDIENTE

1 pui mare

100 g prune fără sâmburi

½ l supa de pui

½ sticla de vin dulce

1 ceapa primavara

2 morcovi

1 catel de usturoi

1 lingura de faina

ulei de masline

sare si piper

REDACARE

Se condimentează puiul tăiat bucăți într-o cratiță foarte fierbinte cu ulei și se călește. Scoateți și rezervați.

În același ulei, căliți ceapa verde, usturoiul și morcovii tocate mărunt. Cand legumele sunt bine braconate, adaugam faina si mai fierbem inca un minut.

Se face baie in vin dulce si se mareste focul pana aproape complet. Adăugați bulionul și adăugați din nou puiul și prunele uscate.

Gatiti aproximativ 15 minute sau pana cand puiul este fraged. Scoateți puiul și amestecați sosul. Pune-l pe vârful de sare.

TRUC

Adăugarea de puțin unt rece în sosul mărunțit și amestecarea cu un tel va adăuga densitate și strălucire.

PIEPT DE PUI PORTOCALA CU CAJU

INGREDIENTE

4 piept de pui

75 g nuci caju

2 pahare de suc natural de portocale

4 linguri de miere

2 linguri Cointreau

Făină

ulei de masline

sare si piper

REDACARE

Asezonați și făinați piepții. Se prăjește în ulei din belșug, se scoate și se rezervă.

Fierbeți sucul de portocale cu Cointreau și miere timp de 5 minute. Adăugați piepții în sos și gătiți la foc mic timp de 8 minute.

Se serveste cu sosul si nucile caju.

TRUC

O altă modalitate de a face un sos bun de portocale este să începeți cu caramele nu foarte închise la care se adaugă suc natural de portocale.

Potârniche murată

INGREDIENTE

4 potârnichi

300 g ceapa

200 g morcovi

2 pahare de vin alb

1 catel de usturoi

1 frunză de dafin

1 pahar de otet

1 pahar de ulei

sare si 10 boabe de piper

REDACARE

Se condimentează potârnichile și se prăjesc la foc iute. Ridicați și rezervați.

Se calesc morcovii julienne si ceapa in acelasi ulei. Când legumele sunt fragede, adăugați vinul, oțetul, boabele de piper, sarea, usturoiul și frunza de dafin. Se prăjește timp de 10 minute.

Puneți din nou potârnichea și fierbeți la foc mic încă 10 minute.

TRUC

Pentru ca carnea sau peștele murat să capete mai multă aromă, este mai bine să-l lași cel puțin 24 de ore.

CACCIATORE PUI

INGREDIENTE

1 pui tocat

50 g ciuperci feliate

½ l supa de pui

1 pahar de vin alb

4 roșii rase

2 morcovi

2 catei de usturoi

1 praz

½ ceapă

1 buchet de ierburi aromatice (cimbru, rozmarin, dafin...)

ulei de masline

sare si piper

REDACARE

Se condimenteaza puiul cu putin ulei intr-o cratita foarte incinsa si se rumeneste. Scoateți și rezervați.

Prăjiți morcovii tăiați în bucăți mici, usturoiul, prazul și ceapa în același ulei. Apoi adăugați roșia rasă. Se prăjește până când roșia își pierde apa. Pune puiul înapoi.

Se prăjește ciupercile separat și se adaugă și la tocană. Se face baie cu un pahar de vin si se lasa sa se reduca.

Se umezește cu bulionul și se adaugă ierburile aromate. Gatiti pana cand puiul este fraged. sare corectă.

TRUC

Acest fel de mâncare se poate face și cu curcan și chiar cu iepure.

ARIPI DE PUI LA COCA-COLA

INGREDIENTE

1 kg aripioare de pui

½ litru de Coca Cola

4 linguri de zahar brun

2 linguri sos de soia

1 lingura rasa de oregano

½ lămâie

sare si piper

REDACARE

Puneti Coca-Cola, zaharul, soia, oregano si sucul de la o jumatate de lamaie intr-o cratita si gatiti 2 minute.

Înjumătățiți aripile și asezonați. Coacem la 160°C până capătă o culoare. Apoi adăugați jumătate din sos și răsturnați aripioarele. Întoarceți-le la fiecare 20 de minute.

Când sosul aproape că s-a redus, adăugați cealaltă jumătate și continuați să prăjiți până se îngroașă sosul.

TRUC

Adăugarea unei crengute de vanilie în timpul preparării sosului sporește aroma și îi conferă o notă distinctivă.

PUI CU USTUROI

INGREDIENTE

1 pui tocat

8 catei de usturoi

1 pahar de vin alb

1 lingura de faina

1 ardei cayenne

Oțet

ulei de masline

sare si piper

REDACARE

Se condimentează puiul și se prăjește bine. Rezervați uleiul și lăsați-l la temperat.

Taiati cateii de usturoi cubulete si adaugati usturoiul si ardeiul cayenne (caiti in ulei, nu prajiti) fara colorare.

Se toarnă peste vin și se lasă să fiarbă până se îngroașă, dar nu se usucă.

Adaugam apoi puiul si adaugam treptat peste el lingurita de faina. Amestecați (verificați dacă usturoiul se lipește de pui; dacă nu, mai adăugați puțină făină până devine ușor lipicios).

Acoperiți și amestecați din când în când. Gatiti 20 de minute la foc mic. Terminați cu un strop de oțet și gătiți încă 1 minut.

TRUC

Tava de pui este esențială. Trebuie să fie foarte fierbinte pentru a-l păstra auriu pe dinafară și suculent pe dinăuntru.

PUI AL CHILINDRON

INGREDIENTE

1 pui mic tocat

350 g de șuncă Serrano tocată

1 conserve de 800 g roșii mărunțite

1 ardei rosu mare

1 ardei verde mare

1 ceapă mare

2 catei de usturoi

cimbru

1 pahar de vin alb sau rosu

Zahăr

ulei de masline

sare si piper

REDACARE

Se condimenteaza puiul si se caleste la foc mare. Scoateți și rezervați.

În același ulei, căliți ardeii, usturoiul și ceapa tăiate în bucăți de mărime medie. Cand legumele s-au rumenit bine se adauga sunca si se mai fierbe inca 10 minute.

Puneți puiul înapoi și spălați-l în vin. Se reduce la foc iute timp de 5 minute si se adauga rosiile si cimbrul. Reduceți focul și lăsați să fiarbă încă 30 de minute. Corectează sare și zahăr.

TRUC

Aceeași rețetă se poate face și cu chiftele. Nu a mai rămas nimic în farfurie!

Prepeliță murată și fructe roșii

INGREDIENTE

4 prepelite

150 de grame de fructe roșii

1 pahar de otet

2 pahare de vin alb

1 morcov

1 praz

1 catel de usturoi

1 frunză de dafin

Făină

1 pahar de ulei

sare si piper boabe

REDACARE

Făină prepelița, asezonează și prăjește într-o cratiță. Scoateți și rezervați.

În același ulei, căliți morcovii, prazul și usturoiul feliat, tăiate în bețișoare. Cand legumele sunt fragede se adauga uleiul, otetul si vinul.

Adăugați frunza de dafin și piper. Se condimentează cu sare și se fierbe timp de 10 minute împreună cu fructele roșii.

Adăugați prepelița și braconați încă 10 minute până se înmoaie. Acoperiți și lăsați să stea de la căldură.

TRUC

Această marinadă, împreună cu prepelița, face un sos minunat și acompaniament pentru o salată verde bună.

PUI CU LAMAIE

INGREDIENTE

1 pui

30 g zahăr

25 g unt

1 litru de bulion de pui

1dl vin alb

suc de 3 lămâi

1 ceapă

1 praz

ulei de masline

sare si piper

REDACARE

Tăiați și asezonați puiul. Se prăjește la foc mare și se scoate.

Curățați ceapa, curățați prazul și tăiați fâșii julienne. Prăjiți legumele în același ulei care a fost folosit pentru a găti puiul. Se toarnă peste vin și se lasă să fiarbă.

Adăugați sucul de lămâie, zahărul și bulionul. Gatiti 5 minute si puneti puiul la loc. Gatiti la foc mic inca 30 de minute. Corectați sare și piper.

TRUC

Pentru ca sosul să iasă mai delicat și fără bucăți de legume, este mai bine să îl toci.

PUI SAN JACOBO CU SUNCA SERRANO, TORTA DEL CASAR SI ARUCULA

INGREDIENTE

8 fileuri subțiri de pui

150 g tort de nunta

100 g rucola

4 felii de şuncă Serrano

Făină, ou și cereale (pentru periaj)

ulei de masline

sare si piper

REDACARE

Se condimentează fileurile de pui și se întinde cu brânză. Acoperiți unul cu rucola și șuncă Serrano și deasupra cu altul pentru a sigila. Faceți același lucru cu restul.

Treceți-le prin făină, ou bătut și cereale zdrobite. Se prăjește în ulei încins din belșug timp de 3 minute.

TRUC

Poate fi uns cu floricele de porumb zdrobite, cu kikos și chiar cu viermi mici. Rezultatul este foarte amuzant.

CURRY DE PUI LA COP

INGREDIENTE

4 pulpe de pui (per persoana)

1 litru de smântână

1 arpagic sau ceapa

2 linguri curry

4 iaurturi naturale

Sare

REDACARE

Tăiați ceapa în bucăți mici și amestecați într-un castron cu iaurtul, smântâna și curry. Cu sare.

Tăiați puiul în câteva bucăți și marinați în sosul de iaurt timp de 24 de ore.

Se coace 90 de minute la 180°C, se scoate puiul si se serveste cu sosul batut.

TRUC

Dacă a mai rămas sos, acesta poate fi folosit pentru a face chiftelute delicioase.

PUI LA VIN ROSU

INGREDIENTE

1 pui tocat

½ litru de vin roşu

1 crenguță de rozmarin

1 crenguță de cimbru

2 catei de usturoi

2 praz

1 ardei rosu

1 morcov

1 ceapă

supa de pui

Făină

ulei de masline

sare si piper

REDACARE

Se condimenteaza puiul si se caleste intr-o cratita foarte incinsa. Scoateți și rezervați.

Tăiați legumele în bucăți mici și căleți-le în același ulei în care a fost prăjit puiul.

Se scalda in vin, se adauga ierburile aromatice si se fierbe la foc mare pana lichidul se evapora, aproximativ 10 minute. Încorporați din nou puiul și ungeți cu bulion până se îmbracă. Gatiti inca 20 de minute sau pana cand carnea este frageda.

TRUC

Dacă doriți un sos mai fin, fără bucăți, faceți piure și aruncați sosul.

PUI FRIP CU BERE NEGRA

INGREDIENTE

4 pulpe de pui

750 ml bere tare

1 lingura chimen

1 crenguță de cimbru

1 crenguță de rozmarin

2 cepe

3 catei de usturoi

1 morcov

sare si piper

REDACARE

Tăiați ceapa, morcovii și usturoiul în fâșii julienne. Asezati cimbru si rozmarin in fundul unei foi de copt si puneti deasupra ceapa, morcovii si usturoiul. iar apoi pulpele de pui, cu pielea în jos, asezonate și stropite cu chimen. Se coace la 175°C timp de aproximativ 45 de minute.

După 30 de minute, umeziți cu berea, răsturnați fundul și coaceți încă 45 de minute. Când puiul este prăjit, scoateți-l din tigaie și amestecați sosul.

TRUC

Dacă puneți 2 mere feliate în mijlocul fripturii și le faceți piure împreună cu restul de sos, aroma iese și mai bună.

Părîniche de ciocolată

INGREDIENTE

4 potârnichi

½ l supa de pui

½ pahar de vin roşu

1 crenguţă de rozmarin

1 crenguţă de cimbru

1 ceapa primavara

1 morcov

1 catel de usturoi

1 roşie rasă

Ciocolată

ulei de masline

sare si piper

REDACARE

Condimentaţi şi prăjiţi potârnichile. Rezervări.

Se calesc morcovul, usturoiul si ceapa primavara tocate marunt in acelasi ulei la foc mediu. Se măreşte focul şi se adaugă roşia. Se fierbe până se pierde apa. Se toarnă peste vin şi se lasă să se reducă aproape complet.

Adăugaţi bulionul şi adăugaţi ierburile. Se fierbe la foc mic până când potârnichile sunt fragede. sare corectă. Se ia de pe foc si se adauga ciocolata dupa gust. Îndepărtat.

TRUC

Pentru a da preparatului o notă picantă, puteți adăuga piper cayenne, iar dacă doriți să fie crocant, adăugați alune prăjite sau migdale.

Sferturi de curcan prăjite cu sos de fructe roșii

INGREDIENTE

4 stiuleti de curcan

250 de grame de fructe roșii

½ litru de cava

1 crenguță de cimbru

1 crenguță de rozmarin

3 catei de usturoi

2 praz

1 morcov

ulei de masline

sare si piper

REDACARE

Curățați și tăiați prazul, morcovii și usturoiul. Puneți aceste legume pe o foaie de copt împreună cu cimbru, rozmarin și fructe roșii.

Puneți deasupra sferturile de curcan, asezonate cu puțin ulei și cu pielea în jos. Se prăjește timp de 1 oră la 175°C.

Se face baie cu cava dupa 30 de minute. Întoarceți carnea și puneți la grătar încă 45 de minute. Când timpul a expirat, scoateți din bol. Se macină, se strecoară și se adaugă sare în sos.

TRUC
Curcanul este gata când pulpele și pulpele se despart ușor.

PUI FRÂPT CU SOS DE PIERSICI

INGREDIENTE

4 pulpe de pui

½ litru de vin alb

1 crenguță de cimbru

1 crenguță de rozmarin

3 catei de usturoi

2 piersici

2 cepe

1 morcov

ulei de masline

sare si piper

REDACARE

Tăiați ceapa, morcovii și usturoiul în fâșii julienne. Curățați piersicile, tăiați-le în jumătate și îndepărtați sâmburele.

Pune cimbrul și rozmarinul pe fundul unei foi de copt împreună cu morcovul, ceapa și usturoiul. Puneți deasupra fesele piperate, stropiți cu ulei și prăjiți cu pielea în jos la 175ºC timp de aproximativ 45 de minute.

După 30 de minute, stropiți cu vin alb, răsturnați și prăjiți încă 45 de minute. Când puiul este prăjit, scoateți-l din tigaie și amestecați sosul.

TRUC

La friptură pot fi adăugate mere sau pere. Sosul va avea un gust grozav.

FILE DE PUI UMPLUT CU SPANAC SI MOZZARELLA

INGREDIENTE

8 fileuri subțiri de pui

200 g spanac proaspăt

150 g mozzarella

8 frunze de busuioc

1 lingurita chimen macinat

făină, ou și pesmet (pentru periaj)

ulei de masline

sare si piper

REDACARE

Condimentează sânii pe ambele părți. Se aseaza deasupra spanacul, branza rupta in bucatele si busuiocul tocat si se acopera cu alt file. Combinați făina, oul bătut și un amestec de pesmet și chimen.

Se prăjește câteva minute pe fiecare parte, îndepărtând excesul de ulei pe hârtie absorbantă.

TRUC

Garnitura perfectă este un sos de roșii bun. Acest fel de mâncare poate fi preparat cu curcan și chiar cu file proaspăt.

PUI FRÂPT ÎN CAVA

INGREDIENTE

4 pulpe de pui

1 sticla de sampanie

1 crenguță de cimbru

1 crenguță de rozmarin

3 catei de usturoi

2 cepe

ulei de masline

sare si piper

REDACARE

Tăiați ceapa și usturoiul în juliana. Pune cimbrul și rozmarinul în fundul unei foi de copt, deasupra pune ceapa și usturoiul, apoi ceapa cu ardei, cu pielea în jos. Se coace la 175°C timp de aproximativ 45 de minute.

După 30 de minute, se face baie cu cava, se răstoarnă fundul și se mai coace încă 45 de minute. Când puiul este prăjit, scoateți-l din tigaie și amestecați sosul.

TRUC

O alta varianta din aceeasi reteta este sa o pregatesti cu Lambrusco sau vin dulce.

FARGARI DE GUI CU SOS DE ARAIDE

INGREDIENTE

600 g piept de pui

150 g alune

500 ml supa de pui

200 ml crema

3 linguri sos de soia

3 linguri de miere

1 lingura curry

1 ardei cayenne, foarte tocat

1 lingura suc de lamaie

ulei de masline

sare si piper

REDACARE

Zdrobiți foarte bine alunele până se formează o pastă. Într-un castron, amestecați împreună sucul de lămâie, bulionul, soia, mierea, pudra de curry, sare și piper. Tăiați piepții bucăți și marinați în acest amestec peste noapte.

Scoateți puiul și puneți-l pe frigărui. Gatiti amestecul anterior impreuna cu smantana la foc mic timp de 10 minute.

Se prajesc frigaruile intr-o tigaie la foc mediu si se servesc cu sosul deasupra.

TRUC

Se pot prepara cu cioburi de pui. Dar în loc să le rumeniți într-o tigaie, prăjiți-le la cuptor cu sosul deasupra.

PUI LA PEPITORIA

INGREDIENTE

1½ kg pui

250 g ceapa

50 g migdale prăjite

25 g pâine prăjită

½ l supa de pui

¼ l vin bun

2 catei de usturoi

2 foi de dafin

2 oua fierte tari

1 lingura de faina

14 fire de șofran

150 de grame de ulei de măsline

sare si piper

REDACARE

Tăiați și asezonați puiul tăiat cubulețe. aur și rezervă.

Tăiați ceapa și usturoiul în bucăți mici și le căleți în același ulei în care a fost gătit puiul. Adăugați făina și gătiți la foc mic timp de 5 minute. Se toarnă peste vin și se lasă să fiarbă.

Adăugați bulionul pe linia de sare și gătiți încă 15 minute. Apoi adăugați puiul rezervat împreună cu foile de dafin și gătiți până când puiul este fraged.

Se prajeste sofranul separat si se pune in mojar impreuna cu painea prajita, migdalele si galbenusul de ou. Se pasează până se formează o pastă și se adaugă la tocană de pui. Gatiti inca 5 minute.

TRUC

Nu există un acompaniament mai bun pentru această rețetă decât pilaf de orez bun. Se poate servi cu albusuri tocate si putin patrunjel tocat marunt.

PUI PORTOCALIU

INGREDIENTE

1 pui

25 g unt

1 litru de bulion de pui

1 dl vin rosé

2 linguri de miere

1 crenguță de cimbru

2 morcovi

2 portocale

2 praz

ulei de masline

sare si piper

REDACARE

Se condimenteaza puiul tocat si se caleste in ulei de masline la foc iute. Ridicați și rezervați.

Curățați și tăiați morcovii și prazul și tăiați fâșii julienne. Se prăjește în același ulei în care s-a rumenit puiul. Se toarnă peste vin și se fierbe la foc mare până când lichidul se evaporă.

Adăugați sucul de portocale, mierea și bulionul. Gatiti 5 minute si adaugati din nou bucatile de pui. Se fierbe la foc mic timp de 30 de minute. Se adauga untul rece si se condimenteaza cu sare si piper.

TRUC

Puteți omite o mână bună de nuci și le puteți adăuga la tocană la sfârșitul gătitului.

Pui la fiert cu ciuperci porcini

INGREDIENTE

1 pui

200 g de șuncă Serrano

200 g ciuperci porcini

50 g unt

600 ml supa de pui

1 pahar de vin alb

1 crenguță de cimbru

1 catel de usturoi

1 morcov

1 ceapă

1 rosie

ulei de masline

sare si piper

REDACARE

Toacă puiul, asezonează și călește în unt și puțin ulei. Ridicați și rezervați.

În aceeași grăsime, căliți ceapa, morcovii și usturoiul tăiate în bucăți mici, precum și șunca tăiată cubulețe. Mareste focul si adauga porcinii tocati. Se fierbe 2 minute, se adaugă roșia rasă și se fierbe până se pierde toată apa.

Adăugați bucățile de pui înapoi și faceți o baie în vin. Reduceți până când sosul este aproape uscat. Se umezește cu bulion și se adaugă cimbru. Se fierbe timp de 25 de minute sau până când puiul este fraged. sare corectă.

TRUC

Folosiți ciuperci de sezon sau uscate.

PUI ȘOT CU NUCĂ ȘI SOIA

INGREDIENTE

3 piept de pui

70 g stafide

30 g migdale

30 g nuci caju

30 g nuci

30 g alune de padure

1 pahar de bulion de pui

3 linguri sos de soia

2 catei de usturoi

1 ardei cayenne

1 lămâie

Ghimbir

ulei de masline

sare si piper

REDACARE

Tăiați piepții, asezonați și prăjiți într-o tigaie la foc mare. Ridicați și rezervați.

Prăjiți nucile în acest ulei împreună cu usturoiul ras, o bucată de ghimbir ras, ardeiul cayenne și coaja de lămâie.

Adăugați stafidele, piepții rezervați și boabele de soia. Se fierbe 1 minut si se face baie in bulion. Gatiti inca 6 minute la foc mediu-mare, asezonand cu sare daca este necesar.

TRUC

Utilizarea sării nu este practic necesară, deoarece provine aproape exclusiv din boabe de soia.

PUI CU CIOCOLATĂ CU ALMEDRAS FRĂJITE

INGREDIENTE

1 pui

60 g ciocolată neagră rasă

1 pahar de vin roșu

1 crenguță de cimbru

1 crenguță de rozmarin

1 frunză de dafin

2 morcovi

2 catei de usturoi

1 ceapă

supa de pui (sau apa)

Migdale prajite

Ulei de măsline extra virgin

sare si piper

REDACARE

Tăiați puiul, asezonați și prăjiți într-o oală foarte fierbinte. Ridicați și rezervați.

În același ulei, căliți la foc mic ceapa, morcovii și cățeii de usturoi tăiați în bucăți mici.

Adăugați frunza de dafin, crenguțele de cimbru și rozmarinul. Se toarnă vinul și bulionul și se fierbe la foc mic timp de 40 de minute. Adăugați sare și îndepărtați puiul.

Pune sosul printr-un blender și pune-l înapoi în oală. Adăugați puiul și ciocolata și amestecați până se dizolvă ciocolata. Gatiti inca 5 minute pentru a se amesteca aromele.

TRUC

Terminați cu migdale prăjite. Adăugarea de piper cayenne sau chilli îi conferă o notă picant.

FĂGARI DE MIEL CU VINIGRETĂ DE BOTEI ȘI MUȘTAR

INGREDIENTE

350 g miel

2 linguri de otet

1 lingura rasa de boia de ardei

1 lingura rasa de mustar

1 lingura rasa de zahar

1 tava cu rosii cherry

1 ardei verde

1 ardei rosu

1 ceapa primavara mica

1 ceapă

5 linguri ulei de masline

sare si piper

REDACARE

Curățați legumele, cu excepția ceapei primăvară și tăiați-le în pătrate de dimensiuni medii. Tăiați mielul în cuburi de dimensiuni egale. Asamblați frigaruile și introduceți o bucată de carne și o bucată de legume. Sezon. Se prajesc intr-o tigaie foarte incinsa cu putin ulei 1-2 minute pe fiecare parte.

Separat, amestecați într-un castron muștarul, boia de ardei, zahărul, uleiul, oțetul și arpagicul tăiat în bucăți mici. Se condimentează cu sare și se emulsionează.

Servesc frigaruile proaspat preparate cu putin sos de boia.

TRUC

Puteți adăuga, de asemenea, 1 lingură de pudră de curry și puțină coajă de lămâie în vinaigretă.

Inotatoare de vitel umpluta cu vin de porto

INGREDIENTE

1 kg aripioare de vițel (deschisă în carte pentru a umple)

350 g carne de porc tocata

1 kg de morcovi

1 kg de ceapă

100 g nuci de pin

1 conserve mică de ardei piquillo

1 cutie de masline negre

1 pachet de bacon

1 catel de usturoi

2 foi de dafin

vin de porto

Ciorbă de carne

ulei de masline

sare si piper boabe

REDACARE

Condimentează aripioarele pe ambele părți. Se umple cu carnea de porc, nucile de pin, ardeii tocati, maslinele taiate in patru si baconul taiat fasii. Se rulează și se așează într-o plasă sau cravată cu fir de căpăstru. Se prăjește la foc foarte mare, se scoate și se păstrează.

Tăiați morcovii, ceapa și usturoiul în brunoise și sotiți în același ulei în care a prăjit vițelul. Pune la loc aripioarele. Fă baie cu un strop de porto și supă de vită până când totul este acoperit. Adăugați 8 boabe de piper și foi de dafin. Acoperiți și gătiți la foc mic timp de 40 de minute. Întoarceți la fiecare 10 minute. Odată ce carnea este fragedă, scoateți și pasați sosul în piure.

TRUC

Vinul de porto poate fi înlocuit cu orice alt vin sau șampanie.

Chiftelute LA MADRILEÑA

INGREDIENTE

1 kg carne tocată

500 g carne de porc tocata

500 de grame de roșii coapte

150 g ceapă

100 g ciuperci

1 litru de supa de vita (sau apa)

2dl vin alb

2 linguri patrunjel proaspat

2 linguri de pesmet

1 lingura de faina

3 catei de usturoi

2 morcovi

1 frunză de dafin

1 ou

Zahăr

ulei de masline

sare si piper

REDACARE

Amesteca cele doua carnuri cu patrunjelul tocat, 2 catei de usturoi taiati cubulete, pesmet, ou, sare si piper. Formați bile și prăjiți-le într-o caserolă. Scoateți și rezervați.

In acelasi ulei calim ceapa cu celalalt usturoi, adaugam faina si calim. Adăugați roșiile și încărcați încă 5 minute. Se scalda in vin si se fierbe inca 10 minute. Adăugați bulionul și gătiți încă 5 minute. Zdrobiți și rectificați sarea și zahărul. Gatiti chiftelele in sos impreuna cu dafinul timp de 10 minute.

Separat se curata, se curata si se dau cubulete morcovii si ciupercile. Se prajesc in putin ulei 2 minute si se adauga in tocanita de chiftelute.

TRUC

Pentru ca amestecul de chiftele să fie mai gustos, adăugați 150 g de slănină iberică proaspătă tocată. Când faceți biluțele, este mai bine să nu apăsați prea tare pentru ca acestea să devină mai suculente.

OBAJI DE VITA CU CIOCOLATA

INGREDIENTE

8 obraji de vita

½ litru de vin roșu

6 uncii de ciocolată

2 catei de usturoi

2 rosii

2 praz

1 baton de telina

1 morcov

1 ceapă

1 crenguță de rozmarin

1 crenguță de cimbru

Făină

bulion (sau apa)

ulei de masline

sare si piper

REDACARE

Se condimentează obrajii și se prăjește într-o oală foarte fierbinte. Scoateți și rezervați.

Tăiați legumele în brunoise și prăjiți-le în aceeași oală în care au fost prăjiți obrajii.

Când legumele sunt moi, adăugați roșiile rase și gătiți până dispare toată apa. Adăugați vinul și ierburile aromatice și fierbeți timp de 5 minute. Coaceți și adăugați supa de vită până se acoperă.

Gatiti pana obrajii sunt foarte fragezi, adaugati ciocolata dupa gust, amestecati si asezonati cu sare si piper.

TRUC

Sosul poate fi tocat sau lăsat cu legumele întregi.

PLAINTA CONFIT DE PORC CU SOS DE VIN DULCE

INGREDIENTE

½ porc de lapte tocat

1 pahar de vin dulce

2 crengute de rozmarin

2 crengute de cimbru

4 catei de usturoi

1 morcov mic

1 ceapa mica

1 rosie

ulei de măsline blând

Sare grunjoasă

REDACARE

Întinde porcușorul pe o tavă și sare pe ambele părți. Adăugați usturoiul zdrobit și condimentele. Se acoperă cu ulei și se prăjește timp de 5 ore la 100 °C. Se lasa apoi sa se incalzeasca si se dezoseaza, indepartand carnea si pielea.

Pune hartie de copt pe o tava de copt. Împărțiți carnea de porc și puneți deasupra pielea porcului (cel puțin 2 degete înălțime). Deasupra se pune o alta foaie de hartie de copt si se da la frigider cu putina greutate deasupra.

Între timp, pregătiți un bulion închis la culoare. Tăiați oasele și legumele în bucăți de mărime medie. Se prăjesc oasele la 185°C timp de 35 de minute, se aranjează legumele pe margini și se mai prăjesc încă 25 de minute. Scoateți din cuptor și stropiți cu vin. Se pune totul intr-o cratita si se acopera cu apa rece. Gatiti 2 ore la foc foarte mic. Se strecoară și se reîncălzi până se îngroașă ușor. degresare.

Tăiați prăjitura în porții și prăjiți partea de piele într-o tigaie încinsă până devine crocantă. Se coace la 180°C timp de 3 minute.

TRUC

Este mai degrabă un preparat elaborat decât unul dificil, dar rezultatul este spectaculos. Singurul truc pentru a nu se strica la sfârșit este să servești sosul pe marginea cărnii, nu deasupra.

IEPURE CĂTRE MARC

INGREDIENTE

1 iepure tocat

80 g migdale

1 litru de bulion de pui

400 ml tescovină

200 ml crema

1 crenguță de rozmarin

1 crenguță de cimbru

2 cepe

2 catei de usturoi

1 morcov

10 fire de șofran

sare si piper

REDACARE

Tăiați, asezonați și prăjiți iepurele. Ridicați și rezervați.

În același ulei, căliți morcovii, ceapa și usturoiul tăiate în bucăți mici. Adăugați șofranul și migdalele și gătiți timp de 1 minut.

Se mărește căldura și se face baie cu tescovină. flambă Se pune iarăși iepurele și se udă cu bulion. Adăugați crenguțe de cimbru și rozmarin.

Gatiti pana se inmoaie iepurele, aproximativ 30 de minute, si adaugati smantana. Gatiti inca 5 minute si asezonati cu sare.

TRUC

Flambarea înseamnă arderea alcoolului într-un spirt. Asigurați-vă că hota este oprită.

Chiftelute IN PEPITORIA-SOS DE ALUNE

INGREDIENTE

750 de grame de carne tocată

750 g carne de porc tocata

250 g ceapa

60 g alune de padure

25 g pâine prăjită

½ l supa de pui

¼ litru de vin alb

10 fire de șofran

2 linguri patrunjel proaspat

2 linguri de pesmet

4 catei de usturoi

2 oua fierte tari

1 ou proaspat

2 foi de dafin

150 de grame de ulei de măsline

sare si piper

REDACARE

Într-un bol, combinați carnea, pătrunjelul tocat, usturoiul tăiat cubulețe, pesmetul, oul, sare și piper. Făină și prăjește într-o cratiță la foc mediu-înalt. Ridicați și rezervați.

În același ulei, căliți ceapa și ceilalți doi căței de usturoi tăiați cubulețe mici la foc mic. Se toarnă peste vin și se lasă să fiarbă. Adăugați bulionul și gătiți timp de 15 minute. Adăugați chiftelele în sos împreună cu foile de dafin și gătiți încă 15 minute.

Se prajeste sofranul separat si se zdrobeste intr-un mojar impreuna cu painea prajita, alunele si galbenusul de ou pana obtinem o pasta omogena. Adăugați la tocană și gătiți încă 5 minute.

TRUC

Se serveste cu albusul tocat spuma si putin patrunjel.

Escalop de vițel cu bere neagră

INGREDIENTE

4 fripturi de vita

125 g ciuperci shiitake

1/3 litru de bere neagra

1 dl bulion de carne

1dl crema

1 morcov

1 ceapa primavara

1 rosie

1 crenguță de cimbru

1 crenguță de rozmarin

Făină

ulei de masline

sare si piper

REDACARE

Se condimentează și se înfăinează fileurile. Se prajesc usor intr-o tigaie cu putin ulei. Scoateți și rezervați.

Prăjiți ceapa primăvară și morcovii tăiați cubulețe în același ulei. Când este poșat, adăugați roșia rasă și gătiți până când sosul este aproape uscat.

Se face baie in bere, se lasa alcoolul sa se evapore 5 minute la foc mediu si se adauga bulionul, ierburile si fileurile. Gatiti 15 minute sau pana se inmoaie.

Se prăjește separat ciupercile filetate la foc mare și se adaugă la tocană. sare corectă.

TRUC

Fileurile nu trebuie gătite prea mult timp, altfel vor deveni foarte tari.

Tripa A LA MADRILEÑA

INGREDIENTE

1 kg de tripă curată

2 picioare de porc

25 g faina

1dl otet

2 linguri de ardei

2 foi de dafin

2 cepe (1 împânzită)

1 catel de usturoi

1 chili

2dl ulei de masline

20 g sare

REDACARE

Se fierb trippa și picioarele de porc într-o cratiță cu apă rece. După ce începe să fiarbă, se lasă să fiarbă 5 minute.

Scurgeți și înlocuiți cu apă curată. Adăugați ceapa împânzită, chili, cățelul de usturoi și foile de dafin. Adăugați mai multă apă dacă este nevoie să se acopere bine și gătiți la foc mic, acoperit, timp de 4 ore sau până când picioarele și tripaia sunt fragede.

Când trippa este gata, îndepărtați ceapa împânzită, frunza de dafin și ardeiul iute. Scoateți și picioarele, dezosați-le și tăiați-le în bucăți cam cât tripaia. Pune-l înapoi în oală.

Separat, căliți cealaltă ceapă tăiată brunoise, adăugați boia de ardei și 1 lingură de făină. Adăugați în tocană după braconaj. Se fierbe 5 minute, se condimentează cu sare și se îngroașă dacă este necesar.

TRUC

Această rețetă capătă aromă dacă este făcută cu o zi sau două înainte. Puteți adăuga și niște năut fiert și aveți o farfurie de leguminoase prime.

FRIPITĂ DE PORC CU MĂR ȘI MENTĂ

INGREDIENTE

800 g muschie de porc proaspata

500 g mere

60 g zahăr

1 pahar de vin alb

1 pahar de coniac

10 frunze de mentă

1 frunză de dafin

1 ceapă mare

1 morcov

ulei de masline

sare si piper

REDACARE

Se condimenteaza muschiul cu sare si piper si se caleste la foc iute. Ridicați și rezervați.

În acest ulei, prăjiți ceapa și morcovii curați și tăiați mărunt. Curățați și curățați merele de coajă.

Se pune totul pe o tava de copt, se scalda in alcool si se adauga frunza de dafin. Se coace la 185°C timp de 90 de minute.

Scoateți merele și verdeața și amestecați-le cu zahărul și menta. Fileați muschiul și turnați peste el sucul de copt și serviți cu compot de mere.

TRUC

Stropiți puțină apă pe foaia de copt în timp ce coaceți pentru a nu se usuca coapsa.

Chiftelute DE PUI CU SOS DE ZMEURE

INGREDIENTE

Pentru chiftele

1 kg carne de pui tocata

1dl lapte

2 linguri de pesmet

2 oua

1 catel de usturoi

vin de sherry

Făină

Pătrunjel tocat

ulei de masline

sare si piper

Pentru sosul de zmeura

200 g dulceata de zmeura

½ l supa de pui

1 ½ dl vin alb

½ dl sos de soia

1 rosie

2 morcovi

1 catel de usturoi

1 ceapă

Sare

REDACARE

Pentru chiftele

Amestecați carnea cu pesmetul, laptele, ouăle, cățelul de usturoi tocat mărunt, pătrunjelul și un strop de vin. Se condimentează cu sare și piper și se lasă să se odihnească 15 minute.

Din amestec se formează bile mici și se unge cu făină. Se prăjește în ulei, încercând să lase puțin în interior. Păstrează uleiul.

Pentru sosul de zmeură dulce-acru

Curățați ceapa, usturoiul și morcovul și tăiați-le în cuburi mici. Se prăjește în același ulei cu care se prăjește chiftelele. Se condimentează cu un praf de sare. Adăugați roșia tocată fără coajă și semințe și braconați până s-a evaporat apa.

Se scalda in vin si se fierbe pana scade la jumatate. Adăugați sosul de soia și bulionul și gătiți încă 20 de minute până când sosul devine gros. Adăugați dulceața și chiftelele și gătiți încă 10 minute.

TRUC

Dulceata de zmeura poate fi inlocuita cu orice alte fructe rosii si chiar cu dulceata.

TOCANĂ DE MIEL

INGREDIENTE

1 pulpă de miel

1 pahar mare de vin roșu

½ cană piure de roșii (sau 2 roșii rase)

1 lingura boia dulce

2 cartofi mari

1 ardei verde

1 ardei rosu

1 ceapă

bulion (sau apa)

ulei de masline

sare si piper

REDACARE

Tăiați piciorul, asezonați și prăjiți într-o oală foarte fierbinte. Scoateți și rezervați.

Se calesc ardeii si ceapa taiate cubulete in acelasi ulei. Cand legumele sunt bine calate, adaugam lingura de boia de ardei si rosia. Continuați să gătiți la foc mare până când roșia își pierde apa. Apoi adăugați din nou mielul.

Se toarnă peste vin și se lasă să fiarbă. Se acopera cu supa de vita.

Adăugați cartofii cachelada (nu tăiați felii) când mielul este fraged și fierbeți până când cartofii sunt fragezi. Corectați sare și piper.

TRUC

Pentru un sos și mai delicios, prăjiți separat 4 ardei piquillo și 1 cățel de usturoi. Se amestecă cu puțin bulion din tocană și se adaugă la tocană.

Bunny Civet Cat

INGREDIENTE

1 iepure

250 g ciuperci

250 g morcovi

250 g ceapa

100 g bacon

¼ litru de vin roşu

3 linguri sos de rosii

2 catei de usturoi

2 crengute de cimbru

2 foi de dafin

bulion (sau apa)

ulei de masline

sare si piper

REDACARE

Tăiaţi iepurele şi marinaţi 24 de ore în morcovii tăiaţi bucăţi mici, usturoiul şi ceapa, vinul, 1 crenguţă de cimbru şi 1 frunză de dafin. Cand timpul a trecut se strecoara si se rezerva vinul si legumele.

Asezonam iepurele cu sare si piper, calim la foc iute si scoatem. Prăjiţi legumele în acelaşi ulei la foc mediu. Se adauga sosul de rosii si se caleste 3 minute. Pune iepurele înapoi. Se toarnă vinul şi bulionul până se acoperă carnea. Adăugați cealaltă crenguță de cimbru și cealaltă frunză de dafin. Gatiti pana iepurele este fraged.

Între timp, căliți baconul ras și ciupercile tăiate în sferturi și adăugați la tocană. Separat, bate ficatul de iepure într-un mojar și adaugă și el. Gatiti inca 10 minute si asezonati cu sare si piper.

TRUC

Acest fel de mâncare poate fi făcut cu orice animal sălbatic și are un gust și mai bun atunci când este făcut cu o zi înainte.

IEPURE CU PIPERRADA

INGREDIENTE

1 iepure

2 roșii mari

2 cepe

1 ardei verde

1 catel de usturoi

Zahăr

ulei de masline

sare si piper

REDACARE

Tăiați iepurele, asezonați și prăjiți într-o oală încinsă. Ridicați și rezervați.

Tăiați ceapa, ardeiul și usturoiul în bucăți mici și căliți la foc mic timp de 15 minute în același ulei în care a fiert iepurele.

Adăugați roșiile tăiate în brunoise și gătiți la foc mediu până își pierd toată apa. Ajustați sarea și zahărul dacă este necesar.

Adăugați iepurele, reduceți focul și gătiți, acoperit, timp de 15 până la 20 de minute, amestecând din când în când.

TRUC

La piperrada se pot adăuga dovlecel sau vinete.

Chiftele de pui umplute cu branza cu sos de curry

INGREDIENTE

500 g pui tocat

Tăiați 150 g brânză în cuburi

100 de grame de pesmet

200 ml crema

1 pahar de bulion de pui

2 linguri curry

½ lingură pesmet

30 de stafide

1 ardei verde

1 morcov

1 ceapă

1 ou

1 lămâie

lapte

Făină

ulei de masline

Sare

REDACARE

Se condimentează puiul și se amestecă pesmetul, oul, 1 lingură praf de curry și pesmetul înmuiat în lapte. Formați bile, umpleți cu un cub de brânză și ungeți cu făină. Se prăjește și se păstrează.

În același ulei, căliți ceapa, ardeii și morcovii tăiați în bucăți mici. Adăugați coaja de lămâie și gătiți câteva minute. Adaugati cealalta lingura de curry, stafidele si supa de pui. Odată ce crema începe să fiarbă, adăugați smântâna și gătiți timp de 20 de minute. sare corectă.

TRUC

Un acompaniament ideal pentru aceste chiftele sunt ciupercile tăiate în sferturi, sotate cu câțiva căței de usturoi tăiați în bucăți mici și spălate cu un strop de vin Porto sau Pedro Ximénez.

Obraji de porc la vin roșu

INGREDIENTE

12 obraji de porc

½ litru de vin roșu

2 catei de usturoi

2 praz

1 ardei rosu

1 morcov

1 ceapă

Făină

bulion (sau apa)

ulei de masline

sare si piper

REDACARE

Se condimentează obrajii și se prăjește într-o oală foarte fierbinte. Scoateți și rezervați.

Tăiați legumele în bronoise și căleți-le în același ulei în care a prăjit carnea de porc. Cand sunt bine braconate, adaugam vinul si lasam sa fiarba 5 minute. Adăugați obrajii și supa de vită până se acoperă.

Gătiți până când obrajii sunt foarte fragezi, piureând sosul dacă doriți să nu mai rămână bucăți de legume.

TRUC

Se pregătesc obrajii de porc mai puțin decât obrajii de vită. Se creează un gust diferit dacă la final se adaugă un gram de ciocolată în sos.

MATASEA NAVARRA

INGREDIENTE

2 cioburi de miel tocate

50 de grame de untură

1 lingurita de boia

1 lingura otet

2 catei de usturoi

1 ceapă

ulei de masline

sare si piper

REDACARE

Tăiați tulpinile de miel în bucăți. Se sare si se pipereaza si se caleste intr-o cratita la foc mare. Scoateți și rezervați.

Caliti ceapa si usturoiul tocate marunt in acelasi ulei la foc mic timp de 8 minute. Se adauga ardeii si se mai caleste inca 5 secunde. Adăugați mielul și acoperiți cu apă.

Gatiti pana cand sosul s-a redus si carnea este frageda. Se umezește cu oțet și se aduce la fierbere.

TRUC

Rumenirea inițială este importantă, deoarece împiedică scurgerea sucului din tigaie. În plus, oferă o atingere crocantă și îmbunătățește aromele.

Carne de vită înăbușită cu sos de arahide

INGREDIENTE

750 g carne de budincă neagră

250 g alune

2 litri de bulion de carne

1 pahar de smântână

½ pahar de coniac

2 linguri sos de rosii

1 crenguță de cimbru

1 crenguță de rozmarin

4 cartofi

2 morcovi

1 ceapă

1 catel de usturoi

ulei de masline

sare si piper

REDACARE

Se toaca budinca neagra, se condimenteaza si se caleste la foc iute. Scoateți și rezervați.

Prăjiți ceapa, usturoiul și morcovii tăiați cubulețe mici în același ulei la foc mic. Se mărește focul și se adaugă sosul de roșii. Se lasa sa reduca pana se pierde toata apa. Udă cu țuică și lasă alcoolul să se evapore. Adăugați din nou carnea.

Se pasează bine alunele cu bulionul și se adaugă în caserolă împreună cu ierburile aromatice. Gatiti la foc mic pana cand carnea este aproape frageda.

Se adauga apoi cartofii curatati si taiati in patrate egale, si smantana. Gatiti 10 minute si asezonati cu sare si piper. Se lasa sa se odihneasca 15 minute inainte de servire.

TRUC

Acest fel de mâncare din carne poate fi servit cu orez pilaf (vezi secțiunea Orez și paste).

PORC ROTISAT

INGREDIENTE

1 porcușor de lapte

2 linguri untură

Sare

REDACARE

Tapetați urechile și coada cu folie de aluminiu pentru a nu se arde.

Asezati doua linguri de lemn pe o tava de copt si asezati porusul cu fata in sus deasupra. Asigurați-vă că atinge partea de jos a recipientului. Se adauga 2 linguri de apa si se coace la 180°C timp de 2 ore.

Dizolvați sarea în 4 dl de apă și vopsiți interiorul porcului de lapte la fiecare 10 minute. După o oră, răsturnați-l și continuați să vopsiți cu apă și sare până la expirarea timpului.

Topiți untul și ungeți pielea cu el. Măriți cuptorul la 200°C și coaceți încă 30 de minute sau până când pielea devine maro aurie și crocantă.

TRUC

Nu împrăștiați sucul pe coajă; asta l-ar face să-și piardă esenta. Serviți sosul pe fundul vasului.

ciocan prăjit cu varză

INGREDIENTE

4 glezne

½ varză

3 catei de usturoi

ulei de masline

sare si piper

REDACARE

Acoperiți tulpinile cu apă clocotită și gătiți timp de 2 ore sau până când se înmoaie complet.

Scoatem din apa si coacem in putin ulei la 220°C pana se rumenesc. Sezon.

Tăiați varza în fâșii subțiri. Gatiti in multa apa clocotita timp de 15 minute. scurgere.

Intre timp calim usturoiul tocat in putin ulei, adaugam varza si calim. Se condimentează cu sare și piper și se servește cu ciocanele prăjite.

TRUC

Degetele pot fi preparate și într-o tigaie foarte fierbinte. Se prăjește bine pe toate părțile.

CACCIATOR DE IEPURE

INGREDIENTE

1 iepure

300 g ciuperci

2 pahare de bulion de pui

1 pahar de vin alb

1 crenguță de cimbru proaspăt

1 frunză de dafin

2 catei de usturoi

1 ceapă

1 rosie

ulei de masline

sare si piper

REDACARE

Se toaca iepurele, se condimenteaza si se caleste la foc mare. Scoateți și rezervați.

Se calesc ceapa taiata bucatele mici si usturoiul la foc mic in acelasi ulei timp de 5 minute. Se mărește focul și se adaugă roșia rasă. Se fierbe până nu mai este apă.

Aruncă iepurele înapoi înăuntru și scaldă-l cu vin. Se lasa sa se reduca si sosul este aproape uscat. Adăugați bulionul și gătiți împreună cu ierburile aromatice timp de 25 de minute sau până când carnea este fragedă.

Între timp, căliți ciupercile curățate și tăiate felii într-o tigaie încinsă timp de 2 minute. Se condimentează cu sare și se adaugă la tocană. Gatiti inca 2 minute si asezonati cu sare daca este necesar.

TRUC

Aceeași rețetă se poate face cu pui sau curcan.

TEACĂ DE BOUL A LA MADRILEÑA

INGREDIENTE

4 fripturi de vita

1 lingura patrunjel proaspat

2 catei de usturoi

făină, ou și pesmet (pentru periaj)

ulei de masline

sare si piper

REDACARE

Tocați mărunt pătrunjelul și usturoiul. Combinați-le într-un bol și adăugați pesmetul. Îndepărtat.

Se condimentează fileurile cu sare și piper și se scufundă prin făină, oul bătut și amestecul de pesmet, usturoi și pătrunjel.

Apăsați cu mâinile pentru a vă asigura că pâinea aderă bine și prăjiți în ulei foarte fierbinte timp de 15 secunde.

TRUC

Fileurile se zdrobesc cu un ciocan pentru a rupe fibrele și a fragezi carnea.

Iepure fiert cu ciuperci

INGREDIENTE

1 iepure

250 g ciuperci de sezon

50 de grame de untură

200 g bacon

45 g migdale

600 ml supa de pui

1 pahar de vin de sherry

1 morcov

1 rosie

1 ceapă

1 catel de usturoi

1 crenguță de cimbru

sare si piper

REDACARE

Tăiați și asezonați iepurele. Se prajesc in unt la foc iute impreuna cu baconul taiat fasii. Scoateți și rezervați.

În aceeași grăsime, prăjiți ceapa, morcovii și usturoiul tăiate în bucăți mici. Adăugați ciupercile tocate și gătiți timp de 2 minute. Adăugați roșia rasă și gătiți până își pierde apa.

Se adauga iar carnea de iepure si baconul si se scalda in vin. Se lasa sa se reduca si sosul este aproape uscat. Se adauga bulionul si se adauga cimbrul. Gatiti la foc mic timp de 25 de minute sau pana cand iepurele este fraged. Terminați cu migdalele și asezonați cu sare.

TRUC

Se pot folosi ciuperci shiitake uscate. Ele adaugă multă aromă și aromă.

COSTITE DE PORC IBERIAN CU VIN ALB SI MIERE

INGREDIENTE

1 coastă iberică de porc

1 pahar de vin alb

2 linguri de miere

1 lingura boia dulce

1 lingura rozmarin tocat

1 lingura de cimbru tocat

1 catel de usturoi

ulei de masline

sare si piper

REDACARE

Pune într-un castron condimentele, usturoiul ras, mierea și sarea. Adăugați ½ pahar mic de ulei și amestecați. Ungeți coasta cu acest amestec.

Se prăjește la 200°C timp de 30 de minute, cu pulpa în jos. Întoarceți, stropiți cu vin și coaceți încă 30 de minute până când coastele devin aurii și fragede.

TRUC

Pentru ca aromele să pătrundă mai bine în coaste, este mai bine să marinați carnea cu o zi înainte.

PERE IN CIOCOLATA CU PIPER

INGREDIENTE

150 g ciocolata

85 g zahăr

½ litru de lapte

4 pere

1 baton de scortisoara

10 boabe de piper

REDACARE

Curățați perele fără a îndepărta tulpina. Gatiti in lapte 20 de minute impreuna cu zaharul, batonul de scortisoara si boabele de piper.

Scoatem perele, strecuram laptele si adaugam ciocolata. Se lasa sa fiarba, amestecand continuu, pana se ingroasa. Serviți perele cu sosul de ciocolată.

TRUC

Odată ce perele sunt fierte, deschideți pe lungime, miez și umpleți cu brânză mascarpone cu zahăr. Închideți din nou și adăugați sosul. delicios.

TREI PRĂJURI DE CIOCOLATA CU BISCUIȚI

INGREDIENTE

150 g ciocolata alba

150 de grame de ciocolată neagră

150 de grame de ciocolată cu lapte

450 ml crema

450 ml lapte

4 linguri de unt

1 pachet de biscuiti Maria

3 plicuri branza de vaci

REDACARE

Pasează fursecurile și topește untul. Frământați biscuiții cu untul și formați baza de tort într-o formă detașabilă. Se lasa la congelator 20 de minute.

Între timp, încălziți într-un recipient 150g de lapte, 150g de smântână și 150g de una dintre praline. De îndată ce începe să fiarbă, diluați 1 pachet de brânză de vaci într-un pahar cu puțin lapte și adăugați la amestecul din recipient. Imediat ce fierbe din nou, se scoate.

Se toarnă prima ciocolată pe aluatul de biscuiți și se pune la congelator pentru 20 de minute.

Repetați același lucru cu o altă ciocolată și puneți-o deasupra primului strat. Și repetați procesul cu a treia ciocolată. Se lasa la congelator sau la frigider pana este gata de servire.

TRUC

Se pot folosi și alte ciocolate, precum menta sau portocala.

bezea elvețiană

INGREDIENTE

250 g zahăr

4 albusuri

putina sare

Câteva picături de suc de lămâie

REDACARE

Albusurile se bat spuma cu telul pana obtinem o consistenta ferma. Adăugați treptat sucul de lămâie, un praf de sare și zahăr fără să opriți să amestecați.

Când ați terminat de adăugat zahărul, bateți încă 3 minute.

TRUC

Când albii sunt tari, se numește Peak Point sau Snow Point.

CREPE DE ALUNE CU BANANE

INGREDIENTE

100g faina

25 g unt

25 g zahăr

1½ dl lapte

8 linguri crema de alune

2 linguri de rom

1 lingura zahar pudra

2 banane

1 ou

½ plic drojdie

REDACARE

Se amestecă oul, drojdia, romul, făina, zahărul și laptele. Se lasa sa se odihneasca la frigider 30 de minute.

Se încălzește untul într-o tigaie antiaderentă la foc mic și se întinde un strat subțire de aluat pe toată suprafața. Întoarceți până devine ușor auriu.

Curățați și tăiați pătlaginile. Întindeți 2 linguri de cremă de alune și ½ banană pe fiecare crep. Sigilați sub formă de șervețel și stropiți cu zahăr pudră.

TRUC

Crepele pot fi preparate din timp. Pentru a le mânca, trebuie doar să le încălziți într-o tigaie cu puțin unt pe ambele părți.

TARTA LAMAIE CU BAZĂ DE CIOCOLATA

INGREDIENTE

400 ml lapte

300 de grame de zahăr

250 g faina

125 g unt

50 g cacao

50 g amidon de porumb

5 gălbenușuri de ou

suc de 2 lămâi

REDACARE

Amestecați făina, untul, 100 g zahăr și cacao până obțineți o masă nisipoasă. Apoi adăugați apă până obțineți un aluat care nu se lipește de mâini. Întindeți un formular, completați crema și coaceți timp de 20 de minute la 170 °C.

Pe de altă parte, încălziți laptele. Intre timp batem galbenusurile si zaharul ramas pana devin pufoase. Se adauga apoi amidonul de porumb si se amesteca cu laptele. Se încălzește, amestecând constant, până se îngroașă. Adăugați sucul de lămâie și continuați să amestecați.

Asamblați tortul și umpleți baza cu cremă. Se lasa la frigider 3 ore inainte de servire.

TRUC

Adauga cateva frunze de menta in crema de lamaie pentru a da prajiturii prospetimea perfecta.

TIRAMISU

INGREDIENTE

500 g brânză mascarpone

120 g zahăr

1 pachet degete

6 ouă

Amaretto (sau rom prăjit)

1 pahar mare de cafea de la aparatul de cafea (indulcit după gust)

pudră de cacao

Sare

REDACARE

Separați albușul de ou și gălbenușul. Se bat galbenusurile si se adauga jumatate din zahar si branza mascarpone. Loviți cu mișcări învăluitoare și reținere. Bate albușurile spumă până se întărește (sau zăpadă) cu un praf de sare. Când este aproape gata, adăugați cealaltă jumătate de zahăr și terminați de asamblat. Se amestecă ușor gălbenușurile și albușurile cu mișcări învăluitoare.

Înmuiați fursecurile în cafea și lichior pe ambele părți (fără a uda excesiv) și puneți-le în fundul unui recipient.

Puneți pe biscuiți un strat de cremă de ouă și brânză. Înmuiați din nou degetele și puneți-le deasupra aluatului. Terminați cu amestecul de brânză și stropiți cu pudră de cacao.

TRUC

Mănâncă peste noapte sau mai bine la două zile după preparare.

INTXAURSALSA (CREMA DE NUC)

INGREDIENTE

125 g nuci decojite

100 g zahăr

1 litru de lapte

1 baton mic de scortisoara

REDACARE

Se fierbe laptele cu scortisoara si se adauga zaharul si nucile zdrobite.

Gatiti la foc mic timp de 2 ore si lasati sa se raceasca inainte de servire.

TRUC

Trebuie să aibă o consistență ca budinca de orez.

LAPTE DE GANSARE

INGREDIENTE

175 g zahăr

1 litru de lapte

coaja de 1 lămâie

1 baton de scortisoara

3 sau 4 albusuri

praf de scorțișoară

REDACARE

Se incinge laptele cu batonul de scortisoara si coaja de lamaie la foc mic pana incepe sa fiarba. Adăugați imediat zahărul și gătiți încă 5 minute. Rezervați și lăsați să se răcească la frigider.

Când se răcește, bate albușurile spumă și toarnă în lapte, cu mișcări învăluitoare. Se serveste cu scortisoara macinata.

TRUC

Pentru o granita imbatabilă, ține-o la congelator, răzuind cu o furculiță la fiecare oră, până se îngheață complet.

limbi de pisică

INGREDIENTE

350 g făină vrac

250 g unt moale

250 g zahăr pudră

5 albusuri

1 ou

Vanilie

Sare

REDACARE

Puneti intr-un bol untul, zaharul pudra, un praf de sare si putina esenta de vanilie. Se amestecă bine și se adaugă oul. Se bat in continuare si se adauga treptat albusurile, fara a opri baterea. Adăugați făina dintr-o dată fără să amestecați mult.

Păstrați crema într-o pungă cu duză netedă și modelați-o în fâșii de aproximativ 10 cm lungime. Loviți farfuria de pe masă, astfel încât aluatul să se întindă și coaceți la 200ºC până când capetele devin maro auriu.

TRUC

Adăugați 1 lingură de pudră de nucă de cocos în aluat pentru a face diverse limbi de pisică.

cupcakes portocalii

INGREDIENTE

220g faina

200 de grame de zahăr

4 ouă

1 portocală mică

1 despre drojdia chimică

praf de scorțișoară

220 de grame de ulei de floarea soarelui

REDACARE

Amesteca ouale cu zaharul, scortisoara, coaja si sucul de portocale.

Adăugați uleiul și amestecați. Adăugați făina și drojdia cernute. Lăsați acest amestec să se odihnească timp de 15 minute și umpleți în forme pentru cupcake.

Preîncălziți cuptorul la 200°C și coaceți timp de 15 minute până când este gata.

TRUC

Perle de ciocolată pot fi prelucrate în aluat.

Mere prăjite în porto

INGREDIENTE

80 g unt (în 4 bucăți)

8 linguri de vin de porto

4 linguri de zahar

4 mere sâmburi

REDACARE

Merele cu coajă. Se umple cu zahar si se toarna untul peste el.

Se coace la 175°C timp de 30 de minute. După acest timp, stropiți fiecare măr cu 2 linguri de vin de porto și coaceți încă 15 minute.

TRUC

Se serveste cald cu o lingura de inghetata de vanilie si se stropeste peste zeama.

Bezea gătită

INGREDIENTE

400 de grame de zahăr granulat

100 g zahăr pudră

¼ litru albuș

picături de suc de lămâie

REDACARE

Bate albusurile spuma cu zeama de lamaie si zaharul intr-o baie de apa pana se omogenizeaza bine. Se ia de pe foc si se bate in continuare (pe masura ce temperatura scade, bezea se va ingrosa).

Adăugați zahărul pudră și continuați să bateți până când bezeaua este complet rece.

TRUC

Poate fi folosit pentru a acoperi prajituri si pentru a face decoratiuni. Nu depășiți 60 °C pentru ca albușul să nu se coaguleze.

budinca de vanilie

INGREDIENTE

170 g zahăr

1 litru de lapte

1 lingura amidon de porumb

8 gălbenușuri de ou

coaja de 1 lămâie

scorțișoară

REDACARE

Se fierbe laptele cu coaja de lamaie si jumatate din zahar. După ce fierbe, se acoperă și se ia de pe foc.

Separat, într-un bol, batem gălbenușurile cu zahărul rămas și amidonul de porumb. Adăugați un sfert din laptele fiert și continuați să amestecați.

Adăugați amestecul de gălbenușuri la laptele rămas și gătiți, amestecând continuu.

La primul clocot, bateți cu câteva bețișoare timp de 15 secunde. Luați de pe foc și continuați să bateți încă 30 de secunde. Se strecoară și se lasă să se odihnească la rece. Stropiți cu scorțișoară.

TRUC

Pentru prepararea cremelor aromate - ciocolata, fursecuri zdrobite, cafea, nuca de cocos rasa, etc. - este necesar doar sa indepartati aroma dorita de pe aragaz si sa o pregatiti inca fierbinte.

PANNA COTTA CU DULCIURI MOV

INGREDIENTE

150 g zahăr

100 g bomboane mov

½ litru de crema

½ litru de lapte

9 foi de gelatină

REDACARE

Udați foile de gelatină cu apă rece.

Se incinge smantana, laptele, zaharul si caramelul intr-o cratita pana se topesc.

Odată ce focul este stins, adăugați gelatina și amestecați până se dizolvă complet.

Se toarna in forme si se da la frigider pentru cel putin 5 ore.

TRUC

Aceasta reteta poate fi variata adaugand picaturi de cafea, caramel, etc.

BISCUITI CITRICE

INGREDIENTE

220 g unt moale

170g faina

55 g zahăr pudră

35 g amidon de porumb

5 grame de coajă de portocală

5 grame de coajă de lămâie

2 linguri suc de portocale

1 lingura suc de lamaie

1 albus de ou

Vanilie

REDACARE

Amesteca foarte incet untul, albusul, sucul de portocale, sucul de lamaie, coaja citricelor si un praf de esenta de vanilie. Se amestecă și se adaugă făina cernută și amidonul de porumb.

Asezati aluatul intr-un degetar prevazut cu o duza ondulata si desenati cercuri de 7 cm pe hartie de copt. Se coace la 175°C timp de 15 minute.

Presărați zahăr pudră peste prăjituri.

TRUC

Adăugați cuișoarele măcinate și ghimbirul în aluat. Rezultatul este excelent.

PASTA DE MANGO

INGREDIENTE

550 g făină vrac

400 g unt moale

200 g zahăr pudră

125 g lapte

2 oua

Vanilie

Sare

REDACARE

Se adauga faina, zaharul, un praf de sare si inca un praf de esenta de vanilie. Adăugați pe rând ouăle nu tocmai reci. Se toarnă laptele puțin cald și se adaugă făina cernută.

Puneți aluatul într-o mânecă cu gura ondulată și turnați puțin pe hârtie de copt. Se coace 10 minute la 180°C.

TRUC

Puteți stropi exteriorul cu migdale măcinate, le puteți scălda în ciocolată sau puteți lipi deasupra cireșe.

Tort cu iaurt

INGREDIENTE

375 g faina

250 g iaurt natural

250 g zahăr

1 plic de drojdie chimică

5 ouă

1 portocală mică

1 lămâie

125 g ulei de floarea soarelui

REDACARE

Bateți ouăle și zahărul cu mixerul timp de 5 minute. Amestecați iaurtul, uleiul, coaja și sucurile de citrice.

Cerneți făina și drojdia și amestecați cu iaurtul.

Se unge si se faina o forma. Adaugam aluatul si coacem la 165°C pentru aproximativ 35 de minute.

TRUC

Utilizați iaurt aromat pentru a face diferite prăjituri.

COMPOT DE BANANE CU ROZMARIN

INGREDIENTE

30 g unt

1 crenguță de rozmarin

2 banane

REDACARE

Curățați și feliați bananele.

Se pune intr-o cratita, se acopera si se fierbe la foc foarte mic impreuna cu untul si rozmarinul pana cand banana arata ca un compot.

TRUC

Acest compot se potrivește atât cu cotletele de porc, cât și cu un pandișpan de ciocolată. Puteți adăuga 1 lingură de zahăr în timpul gătirii pentru a fi mai dulce.

CREMĂ DE ZAHĂR ARS

INGREDIENTE

100 de grame de zahăr brun

100 g zahăr alb

400 cl smantana

300 cl lapte

6 gălbenușuri de ou

1 boabe de vanilie

REDACARE

Deschideți pastaia de vanilie și extrageți boabele.

Intr-un bol amestecam laptele cu zaharul alb, galbenusurile de ou, smantana si boabele de vanilie. Umpleți formele individuale cu acest amestec.

Preîncălziți cuptorul la 100°C și coaceți pe baie de apă timp de 90 de minute. Când se răcește, se presară cu zahăr brun și se prăjește cu un arzător (sau se preîncălzește cuptorul la maximum în modul grill și se coace până când zahărul este ușor ars).

TRUC

Adăugați 1 lingură de cacao instant în smântână sau în lapte pentru o cremă de cacao delicioasă.

Braț elvețian umplut cu smântână

INGREDIENTE

250 de grame de ciocolată

125 g zahăr

½ litru de crema

Tort Buburuza (vezi secțiunea Deserturi)

REDACARE

Faceți un tort cu gărgăriță. Se umple cu frisca si se ruleaza.

Aduceți zahărul și 125 g apă la fiert într-o cratiță. Se adauga ciocolata, se topeste 3 minute, amestecand continuu, si se acopera rulada elvetiana cu ea. Se lasa sa se odihneasca inainte de servire.

TRUC

Pentru a te bucura de un desert și mai complet și mai delicios, adaugă în cremă fructe tocate în sirop.

FLANȘĂ DE OU

INGREDIENTE

200 de grame de zahăr

1 litru de lapte

8 oua

REDACARE

La foc mic și fără a amesteca, faceți un caramel din zahăr. Imediat ce capătă o culoare prăjită, se ia de pe foc. Distribuiți în flanere individuale sau în orice formă doriți.

Se amestecă laptele și ouăle, evitând spuma. Dacă apare înainte de introducerea în forme, îndepărtați-l complet.

Se toarnă peste caramel și se coace într-un boiler la 350°F timp de aproximativ 45 de minute sau până când se înfige un ac în el și iese curat.

TRUC

După aceeași rețetă se prepară o budincă delicioasă. Trebuie doar să adaugi la amestec cornurile rămase, brioșe, biscuiți... de cu o zi înainte.

JELEU DE CAVA CU CAPSUNI

INGREDIENTE

500 de grame de zahăr

150 g căpșuni

1 sticla de sampanie

½ pachet foi de gelatină

REDACARE

Se încălzește cava și zahărul într-o cratiță. Adaugam gelatina hidratata in prealabil in apa rece de la aragaz.

Se servesc in pahare de martini cu capsunile si se da la frigider pana se fixeaza.

TRUC

Se poate prepara si cu orice vin dulce si cu fructe rosii.

gogoși

INGREDIENTE

150g faina

30 g unt

250 ml lapte

4 ouă

1 lămâie

REDACARE

Aduceți laptele și untul la fiert împreună cu coaja de lămâie. Cand da in clocot, scoatem pielea si adaugam faina. Opriți focul și amestecați timp de 30 de secunde.

Așezați din nou pe plită și continuați să amestecați timp de aproximativ un minut, până când aluatul nu se mai lipește de pereții recipientului.

Se toarnă aluatul într-un bol și se adaugă ouăle pe rând (nu se mai adaugă pe următorul până când precedentul nu este bine amestecat cu aluatul).

Folosind o pungă sau 2 linguri, prăjiți gogoșile în porții mici.

TRUC

Se poate umple cu frisca, frisca, ciocolata etc.

SAN JUAN COCA

INGREDIENTE

350g faina

100 g unt

40 g nuci de pin

250 ml lapte

1 pachet de praf de copt

coaja de 1 lamaie

3 oua

Zahăr

Sare

REDACARE

Cerneți făina și drojdia. Amestecați și creați un vulcan. Puneți în centru coaja, 110 g zahăr, untul, laptele, ouăle și un praf de sare. Frământați bine până când aluatul nu se mai lipește de mâini.

Întindeți cu o rolă până când este dreptunghiulară și fină. Se aseaza pe o farfurie tapetata cu hartie de copt si se lasa la dospit 30 de minute.

Ungeți coca cu ou, stropiți cu nuci de pin și 1 lingură de zahăr. Se coace la 200°C aproximativ 25 de minute.

SOS BOLOGNEZ

INGREDIENTE

600 g roșii tocate

500 de grame de carne tocată

1 pahar de vin roșu

3 morcovi

2 bețișoare de țelină (opțional)

2 catei de usturoi

1 ceapă

oregano

Zahăr

ulei de masline

sare si piper

REDACARE

Tăiați mărunt ceapa, usturoiul, bețișoarele de țelină și morcovii. Se prajesc si cand legumele sunt fragede se adauga carnea.

Se adauga sare si piper si se scalda cu vinul cand dispare culoarea roz a carnii. Lasam sa fiarba la foc mare timp de 3 minute.

Adăugați roșia piure și gătiți la foc mic timp de 1 oră. La final, amestecați sarea și zahărul și asezonați cu oregano.

TRUC

Bolognese este întotdeauna asociat cu pastele, dar are un gust delicios cu orez pilaf.

bulion alb (pui sau vita)

INGREDIENTE

1 kg carne de vită sau oase de pui

1dl vin alb

1 baton de telina

1 crenguță de cimbru

2 cuișoare

1 frunză de dafin

1 praz curat

1 morcov curat

½ ceapă

15 boabe de piper negru

REDACARE

Pune toate ingredientele într-o cratiță. Acoperiți cu apă și gătiți la foc mediu. Când începe să fiarbă, se îndepărtează. Gatiti 4 ore.

Se strecoară printr-o sită chinezească și se transferă într-un alt recipient. Păstrați rapid la frigider.

TRUC

Nu sare până nu este gata de utilizare, altfel se va strica mai ușor. Se foloseste ca bulion de baza pentru prepararea de sosuri, supe, preparate din orez, tocanite etc.

ROSII CONCASSÉ

INGREDIENTE

1 kg de roșii

120 g ceapa

2 catei de usturoi

1 crenguță de rozmarin

1 crenguță de cimbru

Zahăr

1 dl ulei de masline

Sare

REDACARE

Tăiați ceapa și usturoiul în bucăți mici. Se prăjește încet într-o tigaie timp de 10 minute.

Tăiați roșiile felii și adăugați-le în tigaie împreună cu ierburile. Gatiti pana rosiile isi pierd toata apa.

Se condimentează cu sare și se potrivește cu zahăr dacă este necesar.

TRUC

Poate fi preparat din timp și păstrat într-un recipient ermetic la frigider.

SOS ROBERT

INGREDIENTE

200 de grame de ceapa primavara

100 g unt

½ l bulion de carne

¼ litru de vin alb

1 lingura de faina

1 lingura mustar

sare si piper

REDACARE

Prăjiți arpagicul, tăiat în bucăți mici, în unt. Adăugați făina și gătiți încet timp de 5 minute.

Se mărește focul, se toarnă vinul și se lasă să se reducă la jumătate, amestecând continuu.

Adăugați bulionul și gătiți încă 5 minute. După ce focul este stins, adăugați muștarul și asezonați cu sare și piper.

TRUC

Ideal ca acompaniament la carnea de porc.

SOS ROZ

INGREDIENTE

250 g sos de maioneza (vezi sectiunea bulion si sosuri)

2 linguri de ketchup

2 linguri de coniac

suc de o jumătate de portocală

Tabasco

sare si piper

REDACARE

Amestecați maioneza, ketchup-ul, coniacul, sucul, un praf de Tabasco, sare și piper. Amesteca bine pana obtii un sos omogen.

TRUC

Pentru ca sosul să fie mai fin, adăugați ½ lingură de muștar și 2 linguri de smântână lichidă.

DEPOZIT DE PESTE

INGREDIENTE

500 g oase sau capete de pește alb

1dl vin alb

1 crenguță de pătrunjel

1 praz

½ ceapă mică

5 boabe de piper

REDACARE

Puneti toate ingredientele intr-o cratita si acoperiti cu 1 litru de apa rece. Gatiti la foc mediu-mare timp de 20 de minute fara a opri degresarea.

Se strecoară, se transferă într-un alt recipient și se dă repede la frigider.

TRUC

Nu sare până nu este gata de utilizare, altfel se va strica mai ușor. Este baza pentru sosuri, preparate cu orez, supe etc.

SOS GERMAN

INGREDIENTE

35 g unt

35 g faina

2 galbenusuri de ou

½ l bulion (peste, carne, pasare, etc.)

Sare

REDACARE

Prăjiți făina în unt la foc mic timp de 5 minute. Adăugați bulionul dintr-o dată și gătiți la foc mediu-mare încă 15 minute, continuând să amestecați. sare corectă.

Se ia de pe foc si, fara a se opri din batut, se adauga galbenusurile.

TRUC

Nu se încălzește prea mult pentru ca gălbenușul să nu se coaguleze.

Sos îndrăzneț

INGREDIENTE

750 g roșii prăjite

1 pahar mic de vin alb

3 linguri de otet

10 migdale crude

10 ardei iute

5 felii de pâine

3 catei de usturoi

1 ceapă

Zahăr

ulei de masline

Sare

REDACARE

Prăjiți tot usturoiul într-o tigaie. Ridicați și rezervați. Prăjiți migdalele în același ulei. Ridicați și rezervați. Se prăjește pâinea în aceeași tigaie. Ridicați și rezervați.

Prăjiți ceapa tăiată juliană împreună cu ardeii iute în același ulei. Cand sunt braconate, umeziti cu otet si un pahar de vin. Lasam sa fiarba la foc mare timp de 3 minute.

Adăugați roșiile, usturoiul, migdalele și pâinea. Se fierbe 5 minute, se face piure si se condimenteaza cu sare si zahar daca este necesar.

TRUC

Poate fi congelat în tăvi individuale pentru cuburi de gheață și utilizați doar cantitatea necesară.

bulion inchis (pui sau vita)

INGREDIENTE

5 kg carne de vită sau oase de pui

500 de grame de roșii

250 g morcovi

250 de grame de praz

125 g ceapă

½ litru de vin roșu

5 litri de apă rece

1 ramură a lui Pio

3 foi de dafin

2 crengute de cimbru

2 crengute de rozmarin

15 boabe de piper

REDACARE

Coaceți oasele la 185°C până se prăjesc ușor. Asezam legumele curatate, taiate bucati medii, in aceeasi tava. Lasă legumele să se rumenească.

Puneți oasele și legumele într-o cratiță mare. Adăugați vinul și ierburile și adăugați apa. Gatiti la foc mic timp de 6 ore, degresand din cand in cand. Se strecoară și se lasă să se răcească.

TRUC

Este baza pentru o varietate de sosuri, tocanite, preparate din orez, supe etc. Odata ce bulionul s-a racit, grasimea de deasupra ramane solida. În acest fel, este mai ușor de îndepărtat.

MOJO PICON

INGREDIENTE

8 linguri de otet

2 lingurițe de semințe de chimen

2 lingurite boia dulce

2 catei de usturoi

3 ardei cayenne

30 de linguri de ulei

Sare grunjoasă

REDACARE

Zdrobiți toate ingredientele solide, cu excepția boia de ardei, într-un mojar și pistil până se formează o pastă.

Adăugați boia de ardei și continuați să faceți piure. Adaugati treptat lichidul pana obtineti un sos omogen si emulsionat.

TRUC

Ideal cu faimoșii cartofi șifonați și, de asemenea, cu pește la grătar.

SOS PESTO

INGREDIENTE

100 g nuci de pin

100 g parmezan

1 legătură de busuioc proaspăt

1 catel de usturoi

ulei de măsline blând

REDACARE

Amestecă toate ingredientele fără a face totul foarte omogen, astfel încât să observi crocantul nucilor de pin.

TRUC

Puteți înlocui nucile cu nuci și busuioc cu rucola proaspătă. Inițial, aceasta se face cu mortar.

SOS DULCE-ACRUR

INGREDIENTE

100 g zahăr

100 ml oțet

50 ml sos de soia

coaja de 1 lamaie

coaja de 1 portocala

REDACARE

Gatiti zaharul, otetul, sosul de soia si coaja de citrice timp de 10 minute. Se lasa sa se raceasca inainte de utilizare.

TRUC

Este acompaniamentul perfect pentru chifle de primăvară.

MOJITO VERDE

INGREDIENTE

8 linguri de otet

2 lingurițe de semințe de chimen

4 boabe de piper verde

2 catei de usturoi

1 legatura de patrunjel sau coriandru

30 de linguri de ulei

Sare grunjoasă

REDACARE

Pisează toate solidele până se formează o pastă.

Adaugati treptat lichidul pana obtineti un sos omogen si emulsionat.

TRUC

Acoperită cu folie alimentară, se poate păstra cu ușurință la frigider pentru câteva zile.

SOS BESSAMEL

INGREDIENTE

85 g unt

85 g faina

1 litru de lapte

nucşoară

sare si piper

REDACARE

Topiți untul într-o cratiță, adăugați făina și fierbeți la foc mic timp de 10 minute, amestecând continuu.

Adăugați laptele dintr-o dată și gătiți încă 20 de minute. Continuă să amesteci. Amestecați sarea, piperul și nucșoara.

TRUC

Pentru a evita cocoloașe, gătiți făina cu untul la foc mic și continuați să bateți până când amestecul este aproape lichid.

SOS DE VÂNĂTOR

INGREDIENTE

200 g ciuperci

200 g sos de rosii

125 g unt

½ l bulion de carne

¼ litru de vin alb

1 lingura de faina

1 ceapa primavara

sare si piper

REDACARE

Prăjiți ceapa primăvară tocată mărunt în unt la foc mediu timp de 5 minute.

Adăugați ciupercile curățate și tăiate în sferturi și măriți focul. Gatiti inca 5 minute pana isi pierd apa. Adăugați făina și gătiți încă 5 minute fără a opri amestecarea.

Se adauga vinul si se lasa sa se reduca. Adăugați sosul de roșii și supa de vită. Gatiti inca 5 minute.

TRUC

Păstrați la frigider și întindeți deasupra o peliculă subțire de unt pentru a preveni formarea unei cruste la suprafață.

SOS AIOLI

INGREDIENTE

6 catei de usturoi

Oțet

½ l ulei de măsline ușor

Sare

REDACARE

Într-un mojar și pistil, pisează usturoiul cu sare până se formează o pastă.

Se adauga treptat uleiul, amestecand continuu cu pistilul, pana se formeaza un sos gros. Adăugați un strop de oțet în sos.

TRUC

Adăugarea a 1 gălbenuș de ou în piureul de usturoi va face sosul mai ușor de preparat.

SOS AMERICAN

INGREDIENTE

150 g raci

250 g coji și capete de creveți și creveți

250 de grame de roșii coapte

250 g ceapa

100 g unt

50 g morcov

50 de grame de praz

½ l supa de peste

1dl vin alb

½ linguriță de coniac

1 lingura de faina

1 lingurita rasa praf de boia iute

1 crenguță de cimbru

Sare

REDACARE

Prăjiți legumele tăiate bucăți mici în unt, cu excepția roșiilor. În continuare, prăjiți praful de boia și făina.

Prăjiți creveții și capetele crustaceelor rămase și flambați cu țuică. Rezervați cozile de crab și măcinați carcasele cu fumet. Se strecoară de 2-3 ori până când nu mai rămân reziduuri de carcasă.

Adăugați bulionul, vinul, roșiile tăiate în sferturi și cimbru în legume. Se fierbe 40 de minute, se macină și se condimentează cu sare.

TRUC

Sos perfect pentru ardei umpluti, moc sau prajituri de peste.

SOS AURORA

INGREDIENTE

45 g unt

½ l sos velouté (vezi secțiunea bulion și sosuri)

3 linguri sos de rosii

REDACARE

Aduceți sosul velouté la fiert, adăugați lingurile de roșii și amestecați cu un tel.

Se ia de pe foc, se adauga untul si se amesteca in continuare pana se omogenizeaza bine.

TRUC

Utilizați acest sos ca acompaniament pentru ouăle umplute.

SOS PENTRU GRĂTAR

INGREDIENTE

1 cutie de Coca-Cola

1 cană sos de roșii

1 cană de ketchup

½ cană oțet

1 lingurita oregano

1 lingurita de cimbru

1 lingurita chimen

1 catel de usturoi

1 ardei cayenne tocat

½ ceapă

ulei de masline

sare si piper

REDACARE

Tăiați ceapa și usturoiul în bucăți mici și căliți-le în puțin ulei. Când se înmoaie, adăugați roșii, ketchup și oțet.

Lasam la fiert 3 minute. Adăugați piper cayenne și condimente. Se amestecă, se adaugă Coca-Cola și se fierbe până se îngroașă.

TRUC

Este un sos perfect pentru aripioare de pui. Poate fi congelat în tăvi individuale pentru cuburi de gheață și utilizați doar cantitatea necesară.

SOS BÉARNAISE

INGREDIENTE

250 g unt clarificat

1 dl otet de tarhon

1dl vin alb

3 galbenusuri de ou

1 şalotă (sau ½ ceapă mică)

tarhon

sare si piper

REDACARE

Se încălzeşte eşapa, tăiată în bucăţi mici, într-o cratiţă cu oţetul şi vinul. Lasati sa se reduca pana obtineti aproximativ 1 lingura.

Bateţi gălbenuşurile asezonate într-o baie de apă. Se adauga vinul si otetul redus si 2 linguri de apa rece pana isi dubleaza volumul.

Adăugaţi treptat untul topit la gălbenuşuri fără a opri bătutul. Adăugaţi nişte tarhon tocat şi păstraţi pe baie de apă la maximum 50 °C.

TRUC

Este important sa tineti acest sos la bain-marie la foc mic pentru a nu se taia.

SOS CARBONARA

INGREDIENTE

200 g bacon

200 de grame de smântână

150 g parmezan

1 ceapă medie

3 galbenusuri de ou

sare si piper

REDACARE

Prăjiți ceapa tăiată cubulețe mici. După prăjire, se adaugă slănina tăiată fâșii fine și se încălzește pe aragaz până se rumenește.

Se adauga apoi smantana, se condimenteaza cu sare si piper si se fierbe incet timp de 20 de minute.

Odată ce s-a stins focul, se adaugă brânza rasă și gălbenușurile de ou și se amestecă.

TRUC

Dacă se lasă pentru altă ocazie când este fierbinte, se face la foc mic și nu prea mult pentru ca oul să nu se coaguleze.

SOS DELICIOS

INGREDIENTE

200 de grame de ceapa primavara

100 de grame de castraveți

100 g unt

½ l bulion de carne

125 cl vin alb

125 cl otet

1 lingura mustar

1 lingura de faina

sare si piper

REDACARE

Prăjiți arpagicul tocat în unt. Adăugați făina și gătiți încet timp de 5 minute.

Se mărește focul, se toarnă vinul și oțetul și se lasă să se reducă la jumătate, amestecând continuu.

Adăugați bulionul și castraveții tăiați julien și gătiți încă 5 minute. Se ia de pe foc si se adauga mustarul. Sezon.

TRUC

Acest sos este ideal pentru carnea grasă.

SOS CUMBERLAND

INGREDIENTE

150 g dulceata de coacaze

½ dl vin de porto

1 pahar de supă de vită închisă la culoare (vezi secțiunea cioburi și sosuri)

1 lingurita pudra de ghimbir

1 lingura mustar

1 eșalotă

½ coaja de portocala

½ coaja de lamaie

suc de o jumătate de portocală

suc de o jumătate de lămâie

sare si piper

REDACARE

Tăiați portocala și coaja de lămâie în fâșii subțiri julienne. Se fierbe din apa rece si se lasa sa fiarba 10 secunde. Repetați procesul de 2 ori. Scurgeți și împrospătați.

Se toacă mărunt eșapa și se fierbe 1 minut cu dulceața de coacăze, vinul de porto, bulionul, cojile și sucurile de citrice, muștarul, ghimbirul, sare și piper, amestecând continuu. Lasati sa se raceasca.

TRUC

Este un sos perfect pentru plăcinte sau mâncăruri de vânat.

SOS DE CURRY

INGREDIENTE

200 g ceapa

2 linguri de faina

2 linguri curry

3 catei de usturoi

2 roșii mari

1 crenguță de cimbru

1 frunză de dafin

1 sticla de lapte de cocos

1 măr

1 banană

ulei de masline

Sare

REDACARE

Prăjiți usturoiul și ceapa tăiate în bucăți mici în ulei. Adăugați curry și braconați timp de 3 minute. Adăugați făina și căliți încă 5 minute, amestecând continuu.

Adăugați roșiile tăiate în sferturi, ierburile și laptele de cocos. Gatiti 30 de minute la foc mic. Adăugați mărul și banana decojite și tocate și gătiți încă 5 minute. Zdrobiți, strecurați și rectificați sarea.

TRUC

Pentru a face acest sos mai mic în calorii, înjumătățiți laptele de cocos și înlocuiți-l cu supă de pui.

SOS DE USTUROI

INGREDIENTE

250 ml crema

10 catei de usturoi

sare si piper

REDACARE

Se caleste usturoiul de trei ori in apa rece. Se aduce la fierbere, se scurge si se aduce din nou la fiert cu apa rece. Repetați acest proces de trei ori.

După albire, fierbeți împreună cu smântâna timp de 25 de minute. În cele din urmă asezonați și amestecați.

TRUC

Nu toate cremele sunt la fel. Dacă este prea groasă, adăugați puțină smântână și gătiți încă 5 minute. Pe de altă parte, dacă curge foarte mult, lasă-l să fiarbă mai mult. Este perfect pentru pește.

SOS DE MURE

INGREDIENTE

200 de grame de mure

25 g zahăr

250 ml sos spaniol (vezi sectiunea stocuri si sosuri)

100 ml vin dulce

2 linguri de otet

1 lingura de unt

sare si piper

REDACARE

Din zahar se face un caramel la foc mic. Adăugați oțetul, vinul și murele și gătiți timp de 15 minute.

Turnați peste el sosul spaniol. Adăugați sare și piper, amestecați, strecurați și aduceți la fiert cu untul.

TRUC

Este un sos perfect pentru căprioară.

sos de cidru

INGREDIENTE

250 ml crema

1 sticla de cidru

1 dovlecel

1 morcov

1 praz

Sare

REDACARE

Tăiați legumele în bețișoare și căleți timp de 3 minute la foc mare. Se toarnă cidrul și se lasă să fiarbă 5 minute.

Adăugați smântână, sare și gătiți încă 15 minute.

TRUC

Acompaniament perfect pentru o dorada la gratar sau o felie de somon.

KETCHUP

INGREDIENTE

1 ½ kg roșii coapte

250 g ceapa

1 pahar de vin alb

1 os de șuncă

2 catei de usturoi

1 morcov mare

cimbru proaspăt

rozmarin proaspăt

zahar (optional)

Sare

REDACARE

Tăiați ceapa, usturoiul și morcovul în fâșii julienne și căleți la foc mediu. Cand legumele sunt moi, adaugam osul si turnam vinul. aprinde focul

Adăugați roșiile tăiate în sferturi și ierburile aromatice. Gatiti 30 de minute.

Îndepărtați oasele și ierburile. Se toacă, se strecoară și se rafinează cu sare și zahăr dacă este necesar.

TRUC

Congelați în tăvi individuale pentru cuburi de gheață pentru a avea întotdeauna la îndemână un delicios sos de roșii de casă.

SOS DE VIN PEDRO XIMENEZ

INGREDIENTE

35 g unt

250 ml sos spaniol (vezi sectiunea stocuri si sosuri)

75 ml vin Pedro Ximenez

sare si piper

REDACARE

Încinge vinul la foc mediu timp de 5 minute. Adăugați sosul spaniol și gătiți încă 5 minute.

Pentru a se îngroșa și a glazura, reduceți focul în timp ce continuați să bateți untul rece tăiat cubulețe. Sezon.

TRUC

Se poate face cu orice vin dulce, precum porto.

SOS DE CREMA

INGREDIENTE

½ l sos bechamel (vezi secțiunea bulion și sosuri)

200 cl smantana

suc de o jumătate de lămâie

REDACARE

Fierbeți sosul bechamel și adăugați smântâna. Gatiti pana aveti aproximativ 400 cl de sos.

Odată ce focul este stins, adăugați sucul de lămâie.

TRUC

Ideal pentru gratinat, pentru sosuri cu peste si oua umplute.

SOS DE MAIONEZĂ

INGREDIENTE

2 oua

suc de o jumătate de lămâie

½ l ulei de măsline ușor

sare si piper

REDACARE

Puneți ouăle și sucul de lămâie într-un pahar de mixare.

Bateți cu mixerul 5, adăugând uleiul într-un fir fin, continuând să bateți. Corectați sare și piper.

TRUC

Pentru a nu se tăia în timpul măcinarii, adăugați 1 lingură de apă fierbinte în borcanul blenderului împreună cu ingredientele rămase.

SOS DE MARAR DE IAURT

INGREDIENTE

20 g ceapa

75 ml sos de maioneza (vezi sectiunea bulion si sosuri)

1 lingura de miere

2 iaurturi

mărar

Sare

REDACARE

Amestecă toate ingredientele, cu excepția mărarului, până obții un sos omogen.

Tăiați mărunt mararul și adăugați-l în sos. Scoateți și corectați sarea.

TRUC

Merge perfect cu cartofi prajiti sau miel.

SOS DE DIAVOLUL

INGREDIENTE

100 g unt

½ l bulion de carne

3dl vin alb

1 ceapa primavara

2 ardei iute

Sare

REDACARE

Tăiați ceapa primăvară în bucăți mici și o căleți la temperatură ridicată. Adăugați chili, turnați vinul și reduceți la jumătate.

Se umezește cu bulion, se mai fierbe încă 5 minute și se condimentează cu sare și condimente.

Adaugati untul foarte rece de la aragaz si amestecati cu telul pana devine gros si lucios.

TRUC

Acest sos poate fi făcut și cu vin dulce. Rezultatul este rafinat.

Sos spaniol

INGREDIENTE

30 g unt

30 g faina

1 l supa de carne (redus)

sare si piper

REDACARE

Prăjiți făina în unt până se prăjește ușor.

Se toarnă bulionul clocotit în timp ce se amestecă. Gatiti 5 minute si asezonati cu sare si piper.

TRUC

Acest sos stă la baza multor preparate. În bucătărie, acesta se numește sos de bază.

SOS OLANDEZ

INGREDIENTE

250 g unt

3 galbenusuri de ou

suc de ¼ de lamaie

sare si piper

REDACARE

Topeste untul.

Se bat galbenusurile la baie de apa cu putina sare, piper, zeama de lamaie si 2 linguri de apa rece pana si-au dublat volumul.

Adăugați treptat untul topit la gălbenușurile de ou, amestecând continuu. A se pastra intr-o baie de apa la cel mult 50°C.

TRUC

Acest sos merge bine cu cartofi mici prajiti cu somon afumat.

SOS ITALIAN

INGREDIENTE

125 g sos de rosii

100 g ciuperci

50 g șuncă York

50 de grame de ceapa primavara

45 g unt

125 ml sos spaniol (vezi secțiunea stocuri și sosuri)

90 ml vin alb

1 crenguță de cimbru

1 crenguță de rozmarin

sare si piper

REDACARE

Ceapa primăvară se toacă mărunt și se călește în unt. Când sunt moi, creșteți focul și adăugați ciupercile feliate și curățate. Adaugati sunca taiata cubulete.

Adăugați vinul și ierburile și lăsați să se reducă complet.

Adăugați sosul spaniol și sosul de roșii. Gatiti 10 minute si asezonati cu sare si piper.

TRUC

Perfect pentru paste și ouă fierte.

SOS MOUSELINE

INGREDIENTE

250 g unt

85 ml frisca

3 galbenusuri de ou

suc de ¼ de lamaie

sare si piper

REDACARE

Topeste untul.

Bate galbenusurile la baie de apa cu putina sare, piper si zeama de lamaie. Se adauga 2 linguri de apa rece pana isi dubleaza volumul. Adăugați treptat untul în gălbenușuri fără a opri bătutul.

Chiar înainte de servire, bate frișca și adaugă la amestecul anterior cu mișcări blânde și învăluitoare.

TRUC

A se pastra intr-o baie de apa la cel mult 50°C. Este perfect pentru gratar somon, brici, sparanghel etc.

REMOULADE

INGREDIENTE

250 g sos de maioneza (vezi sectiunea bulion si sosuri)

50 de grame de castraveți

50 g capere

10 grame de hamsii

1 lingurita patrunjel proaspat tocat

REDACARE

Zdrobiți anșoa într-un mojar și pistil până se face piure. Tăiați caperele și cornișii în bucăți foarte mici. Adăugați ingredientele rămase și amestecați.

TRUC

Ideal pentru ouă umplute.

SOS DE BIZCAINA

INGREDIENTE

500 de grame de ceapă

400 de grame de roșii proaspete

25 g pâine

3 catei de usturoi

4 ardei chorizo sau ñoras

zahar (optional)

ulei de masline

Sare

REDACARE

Înmuiați ñoras pentru a îndepărta carnea.

Iulieți ceapa și usturoiul și căleți într-o caserolă antiaderență la foc mediu-mare timp de 25 de minute.

Adăugați pâinea și roșiile tăiate cubulețe și gătiți încă 10 minute. Adăugați carnea ñorasului și gătiți încă 10 minute.

Dacă este necesar, zdrobiți și rectificați sarea și zahărul.

TRUC

Deși nu este obișnuit, este un sos grozav pentru spaghete.

SOS DE CERNEALE

INGREDIENTE

2 catei de usturoi

1 roșie mare

1 ceapa mica

½ ardei rosu mic

½ ardei verde mic

2 pungi de cerneală de calmar

vin alb

ulei de masline

Sare

REDACARE

Tăiați legumele în bucăți mici și căleți încet timp de 30 de minute.

Adăugați roșia rasă și gătiți la foc mediu până își pierde apa. Măriți căldura și adăugați pungile de cerneală și un strop de vin. Se lasa sa se reduca la jumatate.

Se toacă, se strecoară și se condimentează cu sare.

TRUC

Adăugarea mai multă cerneală după măcinare va ușura sosul.

SOS DE DIMINEAȚA

INGREDIENTE

75 g parmezan

75 g unt

75 g faina

1 litru de lapte

2 galbenusuri de ou

nucșoară

sare si piper

REDACARE

Topiți untul într-o cratiță. Adaugati faina si gatiti la foc mic timp de 10 minute, amestecand continuu.

Se toarnă laptele dintr-o dată și se fierbe încă 20 de minute, amestecând continuu.

Adăugați gălbenușurile și brânza de pe aragaz și continuați să bateți. Amestecați sarea, piperul și nucșoara.

TRUC

Este un sos perfect pentru gratinate. Se poate folosi orice tip de brânză.

SOS ROMESCO

INGREDIENTE

100 g oțet

80 g migdale prăjite

½ lingurita boia dulce

2 sau 3 roșii coapte

2 ani

1 felie mică de pâine prăjită

1 catel de usturoi

1 chili

250 de grame de ulei de măsline extravirgin

Sare

REDACARE

Înmuiați ñoras în apă fierbinte timp de 30 de minute. Scoateți și rezervați pulpa.

Preîncălziți cuptorul la 200°C și prăjiți roșiile și cățelul de usturoi (roșiile vor dura aproximativ 15-20 de minute și usturoiul puțin mai puțin).

Odată prăjite, îndepărtați pielea și semințele de pe roșii și îndepărtați usturoiul pe rând. Se pune intr-un pahar de mixare cu migdalele, painea prajita, carnea ñorasului, uleiul si otetul. lovit bine.

Se adauga apoi boia dulce si un praf de chili. Bateți din nou și adăugați sare.

TRUC

Nu macinati prea mult sosul.

SOUBISE SOS

INGREDIENTE

100 g unt

85 g faina

1 litru de lapte

1 ceapă

nucşoară

sare si piper

REDACARE

Topiți untul într-o cratiță și căliți ceapa, tăiată în fâșii subțiri, încet, timp de 25 de minute. Adaugati faina si gatiti inca 10 minute, amestecand continuu.

Se toarnă laptele dintr-o dată și se fierbe la foc mic încă 20 de minute, amestecând continuu. Amestecați sarea, piperul și nucşoara.

TRUC

Se poate servi pur sau zdrobit. Este perfect pentru cannelloni.

remouladă

INGREDIENTE

250 g sos de maioneza (vezi sectiunea bulion si sosuri)

20 de grame de arpagic

1 lingura capere

1 lingura patrunjel proaspat

1 lingura mustar

1 castravete in otet

1 ou fiert tare

Sare

REDACARE

Se toaca marunt ceapa primavara, caperele, patrunjelul, castravetele si oul fiert tare.

Amesteca totul si adauga maioneza si mustar. Adăugați un praf de sare.

TRUC

Este acompaniamentul perfect pentru pește și mezeluri.

SOS DE CAFEU

INGREDIENTE

150 g zahăr

70 g unt

300 ml crema

REDACARE

Faceți un caramel din unt și zahăr fără a amesteca.

Odată ce caramelul este gata, se ia de pe foc și se adaugă smântâna. Gatiti la foc mare timp de 2 minute.

TRUC

Puteți aroma caramelul cu 1 crenguță de rozmarin.

SUPA DE LEGUME

INGREDIENTE

250 g morcovi

250 de grame de praz

250 de grame de roșii

150 g ceapa

150 g sfeclă

100 g telina

Sare

REDACARE

Spălați bine legumele și tăiați-le în bucăți egale. Se pune intr-o cratita si se acopera cu apa rece.

Gatiti la foc mic timp de 2 ore. Se strecoară și se adaugă sare.

TRUC

Din legumele folosite se poate face o crema buna. Gătiți întotdeauna fără capac, astfel încât aromele să se concentreze mai bine pe măsură ce apa se evaporă.

www.ingramcontent.com/pod-product-compliance
Lightning Source LLC
Chambersburg PA
CBHW050343120526
44590CB00015B/1545